一九二七年蔣介石和宋美齡完成眾所矚目的世紀婚禮。

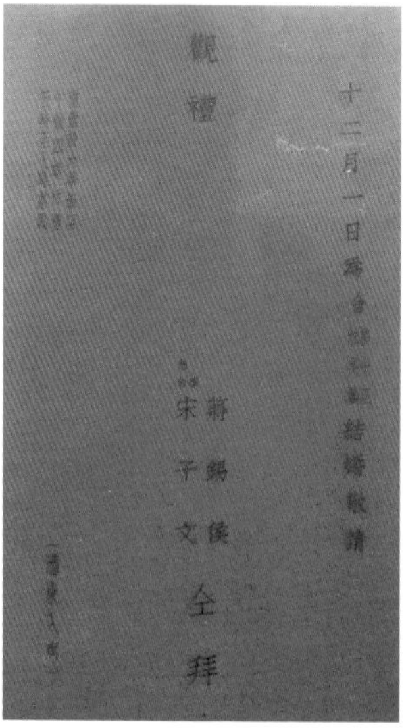

民初教育家羅家倫也收到喜帖。（作者攝於棲蘭山莊）

回到奉化再舉辦中式傳統婚禮。

蔣方良五十歲生日，蔣介石手寫「賢良慈孝」四個字肯定她。（作者攝於棲蘭山莊）

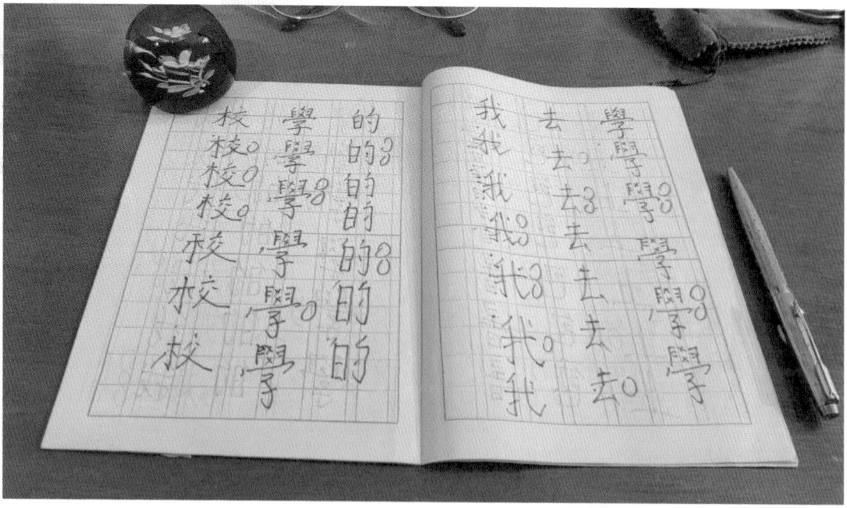

方良認眞學習中文書寫。（作者攝於七海文化園區）

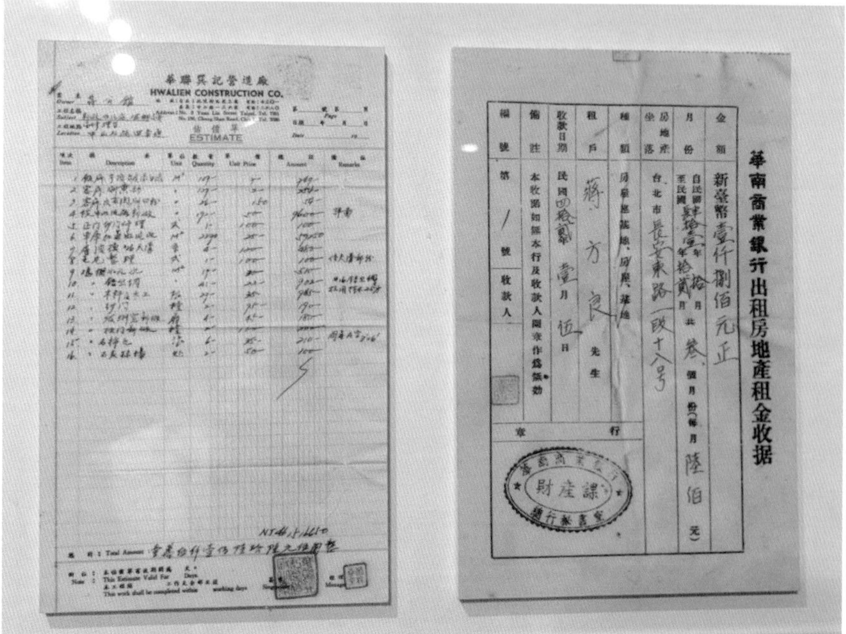

剛到台灣方良和華南銀行簽的房租契約。（作者攝於七海文化園區）

長安東路時光，方良比較快樂。

明星咖啡屋的歡樂時光。（作者攝於明星咖啡）

1945 年蔣方良和 10 歲大的長子蔣孝文在重慶留下這張溫馨的合影。母子眼神一高一低互望，愛意無限。怎料後來孝文先母親離世，給蔣家留下不盡的哀傷。（歷史照片／維基共享）

陳潔如做了七年蔣夫人。
（歷史照片／維基共享）

章亞若一生求不得苦。
（歷史照片／維基共享）

1945 年蔣方良 29 歲時在重慶留下倩影。（國史館）

胡佛檔案館紀錄 1941 年日記中存在的頁面，
從中顯示缺頁甚多。

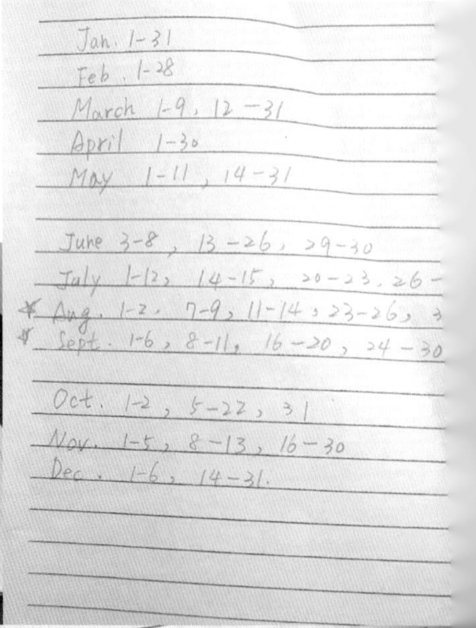

Jan. 1-31
Feb. 1-28
March 1-9, 12-31
April 1-30
May 1-11, 14-31

June 3-8, 13-26, 29-30
July 1-12, 14-15, 20-23, 26-
Aug. 1-2, 7-9, 11-14, 23-26,
Sept. 1-6, 8-11, 16-20, 24-30

Oct. 1-2, 5-22, 31
Nov. 1-5, 8-13, 16-30
Dec. 1-6, 14-31.

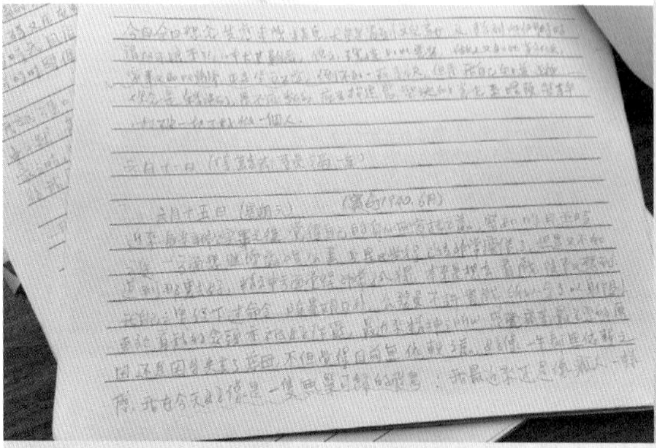

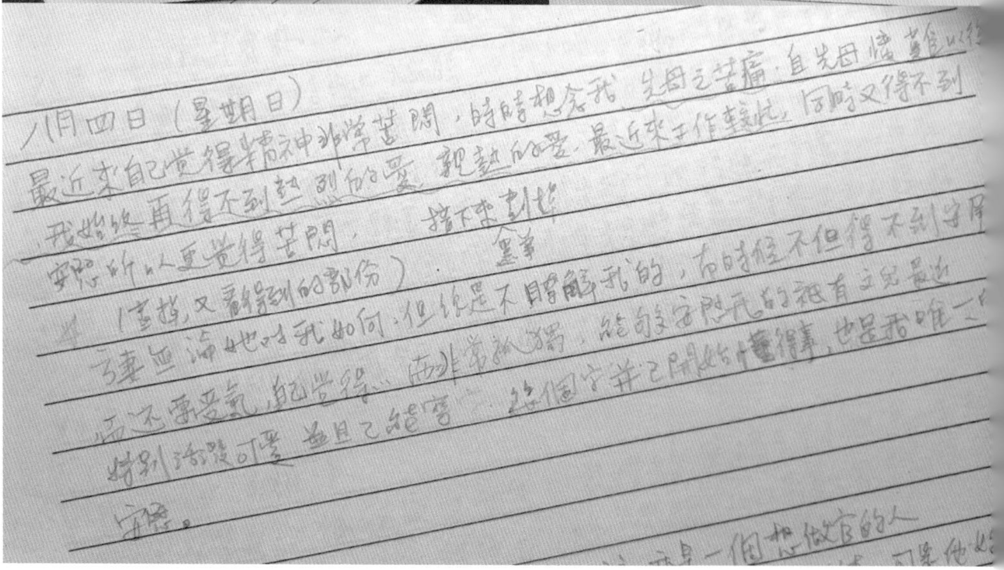

八月四日（星期日）
最近來自己覺得精神非常苦悶，時時想念我 先母之苦痛，自先母[illegible]以後
我始終再得不到熱烈的愛，親熱的愛，最近來工作較忙，同時又得不到
安慰，所以更覺得苦悶，（接下來劃掉 塗掉
1字，又辭劃的部份）[illegible]
[illegible]妻無論她对我如何，但總是不瞭解我的，有時候不但得不到安慰
而还要受氣，[illegible]非常孤獨，能够安慰我的祗有[illegible]
特別活潑可愛，並且已經會[illegible]這個字并已開始懂得事，也是我唯一之
安慰。

作者於胡佛檔案館手抄稿。

作者攝於七海文化園區。

在蔣經國日記找到真愛軌跡

揭密強人世界裡的夫妻、親子、情史等獨特生命篇章

黃秀錦——著

CONTENTS

目錄

推薦序

一本完整記錄兩蔣生命故事的奇書

黃清龍

歷經十年纏訟，兩蔣日記去年九月終於運回台灣，交由國史館典藏。國史館選在十月三十一日蔣公誕辰這一天，隆重舉辦《蔣中正日記（一九四八～一九五四）》新書發表會，蔣家後代蔣方智怡及其三個兒子蔣友松、蔣友柏、蔣友青都出席，意義非凡。國史館接著又在十二月三十日，舉行「蔣經國日記（一九七〇～一九七九）」新書發表會。

誠如國史館指出，兩位蔣總統的日記重新回到台灣，是台灣歷史上值得記錄的一件大事。蔣中正從一九四八年就任中華民國行憲後第一任總統，一九四九年中央政府遷台後，於一九五〇年三月宣布復職，帶領國家走過風雨飄搖的歲月，至一九七五年過世爲止，是統治台灣時間最久的一位領導人。

蔣介石的兒子蔣經國，從一九七二年擔任行政院長起，主理國政的時間也超過十六年，任內不僅大力推動十大建設，奠定台灣經濟起飛基礎，晚年更順應時代潮流，解除戒嚴、報禁、黨禁，開啟台灣民主化先河，影響至今。

值得一提的是，兩位蔣總統生前都有寫日記的習慣，蔣介石寫日記長達五十多年（一九一五～一九七二），蔣經國從蘇聯回到中國後，也奉父親之命每天寫日記，寫了四十多年（一九三七～一九七九）。兩蔣日記鉅細靡遺，如今已成了近代歷史重要檔案，也是民國文物的無價瑰寶。

然而過去許多研究者在運用兩蔣日記進行歷史探索時，大多偏重於公務、國事而鮮少觸及兩人的私人情感領域，對兩蔣家人與家事部分也都沒有太多著墨。這多少和傳統史學爲賢者諱有關。卽使兩蔣日記已經公開多年，關於兩人的生命故事，包括夫妻關係、親子關係、婚外情史、乃至於婚外生子等故事，正統史學界似乎都還有所顧慮與迴避，就算研究了發表時，開頭也要先有一番「宏大敍述」，以免引來質疑是爲了炒作兩蔣緋聞。

其實兩蔣也是人，是人就有七情六慾、喜怒哀樂，自然也就有其獨特的生命故事。

如今已是民主開放時代，針對前國家領導人的研究，如能多些與其家族故事、情感歷程的探索，不但無損於其歷史地位，還更能貼近他們的生命軌跡，呈現他們完整的生命篇章。

秀錦撰寫的這本《在蔣經國日記找到眞愛軌跡》，應是迄今關於兩蔣生命故事最完整的記錄。作者透過閱讀日記關鍵內容，輔以各類與兩蔣有關著作的整理爬梳，把兩人的生命故事，包括家庭、父母、伴侶、子女等都做了細膩描述，讓讀者很容易從同理心出發，了解更眞實的兩蔣父子與蔣家的故事。

毫無疑問這是一本「奇書」，不但內容豐富，且具有很高的可讀性。作者雖非兩蔣研究專家，也未受過正統史學訓練，卻能從龐雜的文字材料中消化歸整，進而抽絲剝繭找到一些前所未見的事態脈絡。這除了是作者對人性的通透理解，當然也和筆下功力有關。早在二十多年前，作者就以台灣歌仔戲名伶孫翠鳳傳記——《祖師爺的女兒》一書聞名。

—陳潔如回憶錄與兩蔣日記的神奇相逢—

例如關於陳潔如與兩蔣的故事，書中提到，一九六一年陳潔如到香港後，隔年在台灣的蔣介石曾對她動之以情，通過戴安國在極端保密的安排下轉給陳潔如一封親筆信。蔣在這封信上說：「昔風雨同舟的日子裏，所受照拂，未嘗須臾去懷。」而一九七一年陳潔如過世前留言蔣介石的是：「三十多年來，我的委屈惟君知之。然而，爲保持君等家國名譽，我一直忍受著最大的自我犧牲，至死不肯爲人利用。」

書中另引據文獻資料，當年受蔣之託，參與「勸退」陳潔如以成就蔣宋婚姻的陳立夫，再度負責向陳「動之以家國大義」，以阻止回憶錄的出版。陳立夫先在信中給她送去一頂高帽：「希望君一如往昔，保持個人偉大人格。重友誼而輕物質，不爲歹人所利用。」折騰了好一陣，在陳立夫協調下，陳潔如收下十五萬美元，具結保證不出版回憶錄，蔣氏父子以爲此惱人事已經擺脫了。

但奇妙的是，《陳潔如回憶錄》在神秘失蹤近三十年後，忽然又在史丹福大學胡佛檔案館收藏的「張歆海文件」（H.H.Chang Papers）中被發現。傳聞張歆海文件中這份「陳稿」，是程思遠轉給張氏的，張氏夾帶放入他的文件中。就這樣，《陳潔如回憶錄》便神不知鬼不覺地存放於胡佛檔案館，在二〇〇四年後和兩蔣日記「朝夕相處」。

對此冥冥中的安排，作者書中描述：「兩蔣父子和陳潔如，生前愛恨交織，離散兩難，不料身後蔣介石、陳潔如和蔣經國的眞心實語卻穿越時空，在美國史丹福大學的胡佛檔案館相逢了。」這當然不是史學家的寫作形式，卻更引人入勝。

——李子青可能是蔣介石交往過的紅牌「先生」——

關於蔣介石日記中提到「李子青」這個名字，作者經「小心求證」後做出的「大膽假設」，也很値得一讀。

一九五〇年二月廿三日，蔣介石日記出現下面這段記載：「近日事務較忙，朝夕各課皆覺心神粗浮而不能精微，而且時起報復之意，此乃虛驕之始。又對過去恩怨亦沈浮無定，而對李氏子青之想念爲尤切，相離已卅四年，不知其人究在人世否，奈何戀痴若此，惟此一氏，使余終身不能忘情耳」。

李子青是誰？蔣介石爲何對她終身不能忘情？作者反覆查證後認爲：李子青可能就是蔣介石在上海荒唐歲月時期往來過的紅牌「先生」之一。

作者從《陳潔如回憶錄》裡得知，一九二一年蔣介石在跟陳潔如結婚之前，曾有一段時期的放縱人生。多年後回顧，有名有姓留下足跡的，只有在堂子裡從事「姨娘」工作的姚冶誠（小名阿巧）。

姚冶誠出身貧苦，不幸父母早亡，依靠叔叔姚小寶為生。後來阿巧到上海五馬路群玉坊的一家堂子裏做娘姨（又稱小大姐，專門服侍大牌妓女的人），那堂子裡只有一個「先生」（對高級妓女的稱呼），作者推測當時阿巧服侍的人就是李子青，或者李子青是類似堂子裡的紅牌青樓女子？

蔣介石一九一一年從日本回國，在上海歡場裡偶然結識了阿巧，兩人並辦過簡單的婚宴喜酒。後來蔣介石收養戴季陶和日本女子愛子所生小孩，取名蔣緯國，即交給姚冶誠扶養。姚冶誠母以子貴，乃得以在蔣家落腳。

一九五〇年二月底的蔣介石避居台灣，仍是下野之身，三月一日才要正式宣布復行視事。這年他已經六十三歲了，國事如麻，卻忽然憶起三十四年前較單純的年輕時光，而在日記裡寫下「李子青」這個名字。

作者推算，蔣介石和李子青別離時間是一九一六年。而蔣日記裡曾經憶及，一九一四年在上海策動反袁世凱起義，因「夜訪子青」意外躲過追捕。因此，蔣介石和李子青至少應於一九一四年到一九一六年，這幾年之間有所往來。

但李子青這個神秘的名字，除了在蔣日記，輕輕幾筆寫在內心角落之外，並沒有浮上檯面的紀錄，原因可能是這位女子無法帶出場，也不能見諸公開書信裡。

蔣曾因「夜訪子青」，意外的救了自己一命，使他感念在心。撤退來台之後，偶而憶起故人，竟自問，不知她是否仍在人世間，「奈何戀痴若此」。作者認為「當時的蔣介石剛從大陸撤退的亂局中安頓下來，驚魂甫定之際，或許讓他聯想到昔日『夜訪子青，躲過追捕』的歷歷往事，由此倍增悠悠思念之情。」這是一種情境式的寫作，雖然缺乏直接證據，但有著相當的合理性，因此也具有一定的說服力。

—蔣、章感情升溫與蔣母驟逝有關—

蔣經國與章亞若的故事，是本書重點之一，書中提供了不少新論點，很能看出作者「上窮碧落下黃泉」的用心。其中至少有兩點是過去較少被發現的。

首先是蔣、章關係的發展，作者透過蔣經國日記的大量閱讀，推測蔣、章感情升溫和蔣母毛福梅被日軍炸死後，蔣經國頓失所怙，感情失去依託，而方良又無法填補，因此給了章亞若趁虛而入的機會。

根據黃埔一期郭禮伯將軍的說法，他是一九三九年把自己的小妾章亞若託給蔣經國照顧，郭認爲章和蔣發生進一步關係的時間，應該是她幹訓班受訓完回到專員公署後。

然而作者指出，章亞若眞正走進蔣經國的內心世界，最重要的關鍵是一九三九年十二月十二日蔣母遽然罹難後，蔣經國遭逢變故，悲痛無比；隨後長時間的日記裡，蔣經國陷入悲傷、無助、渴望愛、渴望安慰，甚至心情極度憂鬱，以至於覺得活著無意義，內心世界出現極大的破口。

一九四〇年母親過世後這一年的日記裡，蔣經國和方良感情陸續出現摩擦裂痕，和章亞若的感情則在日記裡慢慢現出蹤跡。例如一月十一日有一段悲傷的日記：「……，從前到冬天，母親就會替我做冬天的衣服，到夏天就會替我做夏天的衣服，時時會想到我所需的所要用的，但是今天還有誰來照顧我？」

六月十五日日記又寫著：「最近來精神之所以感覺痛苦，最主要的原因還是因爲失去了慈母，不但覺得目前無依賴之處，好像一生都無依賴之感，我在今天好像是一隻無巢可歸的飛鳥。我最近來還是像瘋人一樣，想像我慈母就在溪口或者就在我身邊，唉！」

七月三日他日記上說：「今天早晨三點三十分卽起身，因爲要趕到城內上早操，起來之後覺得自己之孤獨，無人替我燒飯，亦無人安慰我，倘使我母親在時，則早已起來準備一切矣。爲人子至死不忘此種恩情，回想過去不覺熱淚下矣……」。

這幾個月的日記裡蔣經國沉浸在喪母的哀傷裡，都沒有提及方妻。明明妻兒都在身邊，蔣經國卻覺得自己好像是一隻無巢可歸的飛鳥，那麼到底誰可以給他安慰，哪裡是他想飛去的巢呢？作者忍不住提問：那麼方妻呢？他都沒有跟方妻吐露心情？是方妻沒有辦法安慰他的悲傷，還是他已經不尋求方妻的安慰了？

前一年蔣經國才在日記上寫說「明月可愛，方妻比明月更可愛」，怎麼現在變成方妻無論如何總是不瞭解他呢？顯然他們的婚姻出了問題，就在身邊的方良，不再是經國尋求安慰的對象。是方良變了嗎？還是經國變心了！那又是誰改變了經國的心意？作者形容：「毛福梅的亡故，意外使方良經歷了一場『愛的死亡交叉』」。

——從蔣日記查出章亞若腳踏兩條船秘密——

根據郭禮伯回憶傳記的說法，章亞若在青幹班受訓結束後，一九四〇年下半年和蔣經國的關係卽有進一步發展。八月二十一日方良和蔣經國衝突之後，決定獨自回去奉化溪口居住。方良不在這段時間，章亞若開始寫入蔣經國的日記裡。到了年底，就像所有愛家男人發生外遇一樣，蔣經國陷入矛盾裡，一方面想明確得到章亞若的愛情，一方面還是想要維繫和方良的婚姻。認爲雙方時有爭吵，自己應該多多讓她，希望和她變成革命的伴侶，從更高的角度來看待兩人的婚姻關係。

但是，卽使蔣經國有意維持婚姻關係，還是禁不住婚外情的致命吸引力，到了一九四一年初日記顯示，蔣經國和章亞若開始以慧風、慧雲暱稱對方，陷入熱戀，無時不在想念對方。

蔣章愛情浮上檯面後，作者發現一九四一年蔣經國日記出現了極大的異常現象，其中缺頁非常多，有些還有撕不乾淨，在夾頁中間留下鋸齒狀的小紙頭，顯示是後來被撕去的。作者認爲，以當年蔣經國寫日記之勤快，幾乎沒有缺漏的情況，這實屬蹊蹺，懷疑是蔣經國自己撕的。

一九四一年正是蔣章陷入熱戀，章亞若逐漸而密集出現在蔣日記裡，而蔣經國和蔣方良情感齟齬加深，較一九四〇年更嚴重，多次出現激動吵架的場景，日記卻出現人為的pages missing，從三月到十二月都出現缺頁。

令人驚訝且耐人尋味的是，蔣經國在一九五四年自己「發現」了一九四一、一九四二年日記有缺頁被偷撕的狀況。這兩年失蹤的日記扉頁非常關鍵，對照起來都是蔣經國和章亞若戀愛、和方良感情生波、章亞若懷孕、生子、死亡相關的關鍵時刻，是蔣經國當時最快樂、最悲傷，最是刻骨銘心之時。但十餘年後，他卻對於日記被偷撕表現得很平靜，表示「不記得其中所記為何事」，且他認為其中絕無愧心事，所以感到很心安。

然而，關鍵時刻的日記雖然被撕去甚多，作者還是在一九四一年的日記裡找到不少他遺落的情感軌跡，串起這一年發生的重大事件。其中最重要的發現是，找到六月十六日有一則關鍵日記，從日記裡得知章亞若離開蔣經國，去看她母親了。「雲弟下鄉與慈母同居，而回想我自己，母愛之不可復得，又感痛苦，處處都是苦」。而且章離開很長一段時間，直到七月都還沒有回來，他一直思念章亞若。心裡問著，亞若到底在哪裡？

眞的是回去陪伴慈母嗎？爲何不能留在他身邊呢？

就在蔣經國無時不在想念雲弟，抱怨天下之事太不公平，爲何不能滿足他和亞若在一起的小小要求時，作者卻在其他書上找到章亞若的足跡。根據郭貽熹著作的《我的父親郭禮伯》一書記載：隨著一九三九年郭禮伯奉派去重慶「軍政部」任新職，郭、章已經年餘沒有聯絡。郭和章的下一次會面是在一九四一年四月、五月之間。當時，他剛結束重慶「中央訓練團」訓練任務，蔣介石要郭去接任「政治大學」軍訓總教官。因政大正值暑假期間，距離開學還有三個月，因此郭禮伯就返回南康老家一趟，並且和一年多沒見面的章亞若相聚。也就是五月郭結束訓練任務之後，章亞若就去見他了。

到了七月，郭又接到蔣介石任命他接任第九戰區一九四師師長，表示他又要遠行。在贛州郭與章的一次告別中，章亞若竟向郭禮伯透露她懷孕的消息，並說懷的是郭的孩子。郭驚訝之餘算算日子，應該是五月初他剛從重慶回來的日子懷上的，現在是七月（一九四一年），不就是一兩個月了？

郭禮伯已經聽蔣經國說起他對章動了眞情，也不敢確定章懷的究竟是誰的孩子。在經過了一番考慮之後，郭就建議章等一兩個月，八、九月再告訴蔣懷孕了。到明年三月懷胎足月生產時，對外就說孩子是七個月早產。這樣一來，萬一是郭家的，就讓蔣認定是他的孩子。因爲孩子姓蔣會比姓郭好，對章將來的幸福和身份也比較有保障。

這段郭禮伯的回憶口述透露了重大的訊息，這年蔣經國五月至七月日記經常寫下想念不在身邊的章亞若，在他十分寂寞苦悶時，章亞若應該是以陪伴母親爲由，偷偷跑去私會從重慶回來的郭禮伯。不僅跟郭在一起，還懷上孕了。

而因章亞若有這段腳踏兩條船，和郭、蔣交叉交往的狀況，使得她生下的雙胞胎到底是誰的骨肉，姓蔣？姓郭？日後引發外界猜測，至今成爲世紀之謎！

除了以上幾點新發現，作者對於蔣經國爲何在一九五四年日記中，否認章亞若所生雙胞胎爲其骨肉，以及來台後始終不願與他們相見等不合常理現象，也都做了進一步的探究。書中除了引述郭貽熹證實一九五〇年代小蔣和他父親仍有往來，不排除兩人黃湯下肚「無所不談」地談到章亞若時，郭曾向蔣透露，章亞若對自己說「孩子是你的」；也不排除搞情報的蔣經國可能另有消息來源，對於雙胞胎是不是他的產生懷疑。否則雙胞胎如果眞是他的，爲何讓他們過著像難民般的生活？尤其是他「門內」的三個兒子表現都不理想，爲了接班和傳承，難道他不會想到「門外」還有兩個純中國血統的兒子？

至此，關於雙胞胎生父之謎，就只剩下科學檢驗一途。到底「是誰不願意驗DNA？」作者透過訪談蔣家親友，提出一些新的說法和線索，答案已呼之欲出。

書中提到，由於蔣經國在家裡從來沒提過章孝嚴、章孝慈攣生子之事，蔣家兄弟認爲父親有可能是怕母親蔣方良傷心難過，而不見得沒有這件事。所以他們就放開心胸，跟章孝嚴兄弟表示過「如果是的話，那就驗一驗（DNA）回來吧！」令人意外的是，這時反倒是章孝嚴態度退縮了，他的說詞是「驗DNA恐對先人不敬！」相關人士不以爲然地表示，驗DNA又不是要「開棺驗屍」，爲何會對先人不敬？現在DNA技術發達，當時只要蔣孝勇、章孝嚴各一根毛髮去化驗，幾天就知道結果了！即使到了今天，第三代的蔣萬安一根毛髮、蔣友柏一根毛髮，也是可以從男性的Y染色體，去判讀他們到底是不是蔣經國的孫子，「莫非孝嚴沒有把握？」圈內人甚至猜測，章孝嚴可能擔心萬一自己通不過DNA檢驗，怎麼辦？

《我的父親郭禮伯》作者郭貽熹則在與筆者的通信中表示，他的書中有寫到蔣中正與宋美齡一直都知道，小蔣認識章亞若之前是跟郭禮伯在一起的，李以劻將軍也從蔣公侍衛長黃埔一期石祖德將軍口中證實確有此事。郭貽熹認爲每個有常識的人都知道要驗

ＤＮＡ才能眞相大白，問題是據說蔣夫人宋美齡去世前，就交待不准任何蔣家後代與章家作基因比對，理由是他們不認可章家的認祖歸宗，不論驗出結果是或不是蔣家血脈，對蔣家都是傷害。章家則不肯放棄蔣家的光環，對於「可能是郭家後代」的說法浮出檯面，他們並不願意面對，章孝嚴才會說驗ＤＮＡ是對父親的大不敬。依蔣、章兩家的態度，ＤＮＡ是驗不成的，在這種情況下，郭家更沒有立場去推動驗ＤＮＡ。

但對已是台北市長的蔣萬安來說，姓蔣還是姓郭？仍是他從政更上層樓無法逃避的問題！如同作者指出：如果蔣萬安也像其父一樣迴避客觀的ＤＮＡ檢驗，未來恐怕還是會不斷遭遇欺世盜名的挑戰。

（作者爲資深媒體人，現任信民兩岸研究協會理事長，著有：《蔣經國日記揭密——全球獨家透視強人內心世界與台灣關鍵命運》、《門裡還是門外——從蔣經國日記再探孝嚴身世》等書）

作者序

二〇二三年二月初農曆新年期間，我又從台北飛到加州史丹佛大學胡佛檔案館，閉關閱讀兩蔣日記。每天早晨和清龍從租屋處——一個車庫改造的小屋子走出去，大約走了二十分鐘到學校。路上冷風颼颼，裹著羽絨夾克低頭快走，唯一注意到的是樹上掉落的松果，就順手撿起放入口袋裡。終於在八點半圖書館一開就進去閱讀。

這次我要集中閱讀的是一九三九年至一九四二年的小蔣日記，因爲一九三九這年蔣經國攜帶蔣方良和一雙兒女孝文、孝章來到贛南，準備大展抱負，這是他從蘇聯返國初試啼聲的第一站。但這段時間也是他回國後發生驚濤駭浪的婚外情時期，小蔣在日記裡留下什麼足跡，有什麼交代嗎？

出於女性的敏感度，在逐日爬梳的過程裡，我發現蔣經國在日記裡果然清楚留下和妻子方良的眞愛軌跡，也清楚記錄了他的家庭遭到婚外情嚴重衝擊。他和方良的感情由濃轉淡，甚至衝突不斷。而章亞若則逐漸居於上風，贏得蔣經國的關愛，蔣深深爲她著迷。

從冰天雪地的西伯利亞跟隨蔣經國來到中國，芬娜得到大家長蔣介石的接納取名蔣方良。蔣經國在日記裡總是以「方妻」稱呼方良，和方妻共組一個幸福的小家庭，他在日記裡常說方妻給他無上的安慰，以及和一雙兒女嬉戲是他忙碌中最大的快樂。蔣經國在日記裡說，他和方良結婚已有四年「但感情仍舊，似第一夜，我們的愛是眞心誠意的，愛情要比任何人純潔，我們在明月之下說，『將來有福同享有苦同吃』」。最後他表白「明月是可愛的，方妻更可愛！」蔣經國這時期完全是一個愛家的男人。

一九三九年底蔣經國在贛南招兵買馬成立「三民主義青年幹部訓練班」，這時一個有著豐富情感經驗，曾經是將軍府姨太太的章亞若出現，被小蔣特意破格錄用。一九三九年十二月，經國母親毛福梅遭日本軍機轟炸身亡，催化了蔣經國和章亞若的戀情。因爲母喪蔣經國情感陷入悲苦失落之時，章亞若的關懷備至及時彌補這個情感空缺。

慢慢的蔣經國覺得「方妻無論她對我如何，但總是不瞭解我的，有時候不但得不到安慰，而還要受氣」。另一方面則覺得「慧雲弟（章亞若的暱稱）聰明可愛，想念不已，感情之力量大矣！」

一九四一年大約五月至七月，章亞若離開蔣經國一段時間。至七月下旬回來，八、九月間章告知蔣經國自己懷孕了。得知亞若懷孕的喜訊，經國對方良更是沒耐性，甚至想要尋求一個解決之道。日記上說：「方良之性情強硬，不但不能得到家庭之安慰，並且時常受氣，亦想同樣的強硬起來，可是爲顧到家庭之幸福，又不得不忍受一切，但是總非根本辦法，前途如何亦難料」。這一年的九月下旬日記裡寫到，他決定送章亞若到遙遠的桂林待產，以避開衆人耳目，猜想是蔣介石給他的壓力。而在贛南的蔣經國一顆心卻懸在桂林，日記中不斷的思念著亞若，直到一九四二年三月桂林傳來誕生孿生子的喜訊。而就在章亞若積極尋求孿生子歸宗進入蔣家時，同年八月就傳來章亞若猝逝的噩耗。

蔣經國一九四一、一九四二日記雖然有著大量的缺頁失蹤，卻仍然淸楚記錄下，他發生婚外情的故事，他一個正常男人，在妻子和外遇對象之間的掙扎，時而歡喜時而矛盾痛苦。

蔣經國對蔣方良的愛是純眞善良的，對章亞若的情則是熱烈的，是刻骨銘心的。他多情多感易流淚，婚姻愛情都是跟著感覺走。如果不是日記揭密，後人很難了解這位權傾一時的國家領袖，也有這樣情感顚顚簸簸，眞情流露的篇章。當然到台灣之後的風花雪月、遊龍戲鳳，又是外一章了。

蔣經國的爲情爲愛所苦，不顧一切全心投入的愛情觀，和他父親蔣介石很不一樣。蔣介石是把婚姻當追逐權利工具來運用，爲了迎娶上海妙齡少女陳潔如，不惜休妻毛福梅，又爲了攀上豪門千金宋美齡，把費盡功夫追來的嫩妻陳潔如流放到美國，差點害她投入哈德遜河自盡。

比較奇特的是，蔣經國原來期待感情經驗豐富的父親能指導他一二，但是蔣經國日記卻完全沒有寫到蔣介石對他的婚外情，對章亞若的看法。一九四二年三月章亞若剛生了雙胞胎，蔣經國卽有一趟重慶之行，料想是要稟報父親亞若生子這件事，同時徵得父親的支持，但是日記卻完全沒有提到這件事，極有可能蔣介石的看法是寫在大量失蹤的頁面裡。

而日記關於孿生子的描述也極少，剛出生時，蔣經國曾記下「接電報知亞若生二男，心中喜極！」，接著三月到桂林探望亞若母子，五月又到桂林見雙生兒，兩次會面之後幾天的日記都缺頁，料想原來是寫著見到雙生兒子的欣喜之情，那麼爲何要撕去，是爲了翻過這一頁嗎？

蔣日記裡有許多疑似人爲的缺頁，包括章亞若猝逝前後的日記，看來缺頁是心境的轉折，失蹤（Pages missing）也是有意義的消失了。

蔣經國日記再度提到孿生子是一九五四年，但這時他竟開宗明義的說，孿生子不是他的，而是好友王繼春的。「他（繼春）在生時曾與章姓女相識，未婚而生孿子，當在桂林生產時，余曾代爲在醫院作保人，後來竟有人誤傳此孿子爲余所出」。

那麼到底雙生子是誰的？前面提到一九四一年五至七月之間，章亞若有離開蔣經國的情形，當時蔣經國在日記上常常寫著思念章亞若，那麼當時在蔣經國專署辦公室上班的章亞若，用什麼理由離開一長段時間呢？在蔣的日記也發現了關鍵的記載，「雲弟下鄉與慈母同居，而回想我自己，母愛之不可復得，又感痛苦，處處都是苦」。雲弟下鄉與慈母同居了，因而久久不歸。他久等不到章亞若回來而有一段反省，覺得因爲環境的關係有許多對不住章之處，他沮喪的說：「環境既然如此，惟有望雲弟幸福快樂」。

而彷彿穿越時空，一九七八年郭禮伯病中口述一生情史，當時蔣經國日記尚未公開，章亞若的前男人郭禮伯卻準確的呼應蔣日記，提到一九四一年五～七月之間章亞若有來和他相聚。

一九三九年郭禮伯奉派去重慶任新職，郭、章因此分手年餘沒有聯絡。郭和章的重逢是一九四一年五月間，到了七月章亞若竟向郭透露她懷孕了，算算已有兩個月，而且懷的是郭的孩子，郭禮伯成爲第一個知道章亞若懷孕的男人，之後郭要章回到蔣經國身邊，到了八、九月間趁著游泳時讓蔣經國知道她懷孕了。隔年三月章亞若在桂林生下雙生子，對外和對蔣經國都說是「七個月早產」。蔣經國和章亞若發生婚外情，中間又牽扯了郭禮伯，變成一個三角習題，留下「雙生子是誰的？」這個跨世紀謎團，而這個習題只有DNA可以解了。

DNA是一個成熟的技術，章孝嚴也知道這個工具，所以他不遠千里飛到美國，在見證人的旁觀之下，取了他身份證上的母親實際上是舅媽紀琛的兩三根毛髮，愼重帶回內政部警政署專門化驗DNA的刑事警察局，檢驗結果章孝嚴和紀琛果然沒有血緣關係。但進一步的要檢驗他和蔣家是否有血緣關係的關鍵化驗，卻是停頓了。

基因檢測專家表示，男性DNA裡的Y染色體是很好的判別依據，如果章孝嚴兄弟眞的是蔣經國的後代，他們和蔣孝勇兄弟，是同父異母的「半手足」關係，他們從蔣經國遺傳下來的Y染色體二十七個基因型別，幾乎不會有衝突點。而蔣孝勇兄弟不在了，孝嚴還可以要求跟蔣友柏一起檢驗，如果真的系出同門，他們的Y染色體會證實他們的「半叔姪關係」。蔣萬安和蔣友柏同樣可以檢驗，Y染色體會看出他們是否為「半堂兄弟」關係。

當年因為孝嚴沒有採取司法途徑，所以法院無法強制蔣家配合檢驗DNA。而由內政部召開專案小組會議，逕行同意章孝嚴改名為蔣孝嚴，因此給外界留下質疑。但如果要解開真相，孝嚴其實還有一個選擇，那就是和郭禮伯的後代比對，郭禮伯的後代郭貽熹兄弟還健在，如果DNA檢驗結果和郭家沒有血緣關係，那麼孝嚴應該就是蔣經國的血脈了。

我在胡佛檔案館閱讀蔣經國日記時，讀到關鍵處如有神助，小小的毛筆字忽然都看得懂，不用再三推敲。而讀到蔣經國憶兒時和母親相依為命時，常常為之擲筆嘆息。母親過世之後，他經常回憶起兒時「回想幼時在夜間陪母親織布補米袋，我則在燈下讀書寫字或講故事，我母必到午夜方入睡，先將我送上樓睡覺，我母總是還要繼續勞動。每春則隨母提籃採桑養蠶，我母的一雙手是勞動的手」。

接著日記寫到一段悲傷的往事：「回想起當我母親在艱難的時候（蔣父為娶陳潔如要休離毛氏時），人人都不願接近她，都視她已經不是蔣家人……所有一切苦痛都由伊自己一人承受，有一天晚上我母因為再不能忍，曾謀自殺之計，家中人明知此事，但沒有一人敢來勸解，只有我跟緊伊，在燈光之下二人相對痛哭，我對母親講了一句話：『姆媽，你就是討飯去，我亦一定跟你討飯去！』」這是經國十一歲時，母子最悲傷的往事。要了解蔣經國敏感的性格，必須了解他委屈的童年際遇。

其實從蔣經國的脈絡輻射出去，蔣家的女人多半都是辛苦的，為了成就蔣介石的大業，女人只是階段性的付出和存在，為了蔣介石要輕生的，不只毛福梅，還有蔣經國口中的「上海姆媽陳潔如」。陳潔如十五歲正值青春時嫁給蔣介石，不料七年後就被放逐紐約，她在七十九街漫無目的走著，感到生不如死，想要隨著哈德遜河水漂流而去，幸而被經過的路人勸阻下來。《陳潔如回憶錄》奇妙地留下來，後人方知道她無辜而委屈的一生。唯一不為蔣家委屈自己的，只有蔣介石的第一夫人宋美齡，在蔣介石過世之後，她擁著萬貫家財，離開台灣歸根她心靈的原鄉美國。

那麼有誰為蔣經國委屈自己呢？其實他的妻子蔣方良一輩子沒有抱怨，只是為丈夫不斷地自我放棄。年輕時芬娜漂亮活潑，她放棄「芬娜」改名蔣方良；她放棄故鄉的思念學習寧波話。到了台灣，走進有俄羅斯風情的明星咖啡屋ＡＳＴＯＲＩＡ，她總是笑容滿面像陽光。幾年後方良卻寫了一封俄文信到ＡＳＴＯＲＩＡ，薄薄一封信箋，寫著短短幾行字：「因爲先生有要職在身，往後無法再參加私人聚會。」於是她放棄社交生活。接著她放棄長安東路的自在生活，鎖進七海寓所的寂寞晨昏。公公蔣介石在她五十歲時寫了「賢良慈孝」四個字，肯定她的努力盡責，肯定她眞正成爲蔣家媳婦。最終爲了尊崇宋美齡，她還放棄「蔣夫人」的稱呼，一切都是爲了配合丈夫政治上的需要。

剛到台灣時，方良只是三十三歲的少婦，她往後的歲月，所有兒女悲傷歡笑，至親生離死別，和漫漫孤寡長夜，都在這塊土地上一幕幕揭開，轉眼又緩緩謝幕。蔣經國離世幾年後，孝勇夫婦曾說動她去美國探望兒孫，但去不到一個月她就堅持回到七海寓所，她說「我必須陪在我丈夫身邊」。基隆碧砂漁港有一座經國先生的銅像，她喜歡去那裡坐一坐，走一走，再回家。

時間也帶走她三個摯愛的兒子，她靜靜的待在七海有經國身影的房子，做完神給她的功課，終了剩下一個裝著她灰燼的盒子，放在頭寮先生陵寢的身旁。蔣方良來自異鄉，一輩子是蔣家無聲的媳婦，卻是一生最愛戀蔣家的女人，她的人生故事在深愛的他鄉落幕，寂靜美麗，哀傷動人。

後記：筆者閱讀一九三九年蔣經國日記時，三月十日忽然跳出「夢見已過世的母親，十二月十二日我母長別人世」，令人十分驚訝，因為事實上毛福梅於一九三九年十二月十二日才死於日軍轟炸。猜想這是一九四〇年三月的日記，胡佛檔案館錯置年份了。繼續往下閱讀，四月十三日又有一段「近日我怕看見慈母之遺像，因為我看了慈母之遺像就會發抖，慈母好像在那裡發怒，在那裡罵我，是的，應當罵我，罵不孝之子」。接著陸續都有記錄母親過世的心情。

至八月九日寫下「民國二十九年已經失去了大半，而檢討自己的工作無建樹」，十一月一日又寫「民國二十九年的壽命只有二個月了」。十一月二十三日又寫到「章女（孝章）表演話劇並唱歌，天真活潑可愛極矣，可惜我慈母已去世，不能再見其孫女之活潑表現矣」。

從「民國二十九年」實為一九四〇年的時間證據，和行文內容，都可以發現胡佛檔案館把一九四〇年三月至十二月的日記，錯置為一九三九年三月至十二月的日記了。把兩大段日記互調，才能合理銜接前後文，事件發生時序也才正確。特為補記。

最後能完成這本書，要特別感謝先生黃清龍的指導和鼓勵。從踏進胡佛檔案館閱讀，每天傍晚離開都會跟他討論今天日記中的發現，他發覺我有女性的敏感度和觀察面向，幾天後他就跟我說「你應該自己寫成一本書」。

我想，在蔣經國日記公開之前，外界傳聞他曾經有一段和章亞若的婚外情，但是不明白當年這段外遇對他和方良的衝擊有多大？不了解蔣經國投入愛情的樣態，這些在日記裡是有清楚軌跡的。

從日記中也更了解蔣經國的童年，他和母親毛福梅相依爲命，父親只見新人笑，不見舊人哭的辛酸，這種種更能解釋他的敏感和同情弱者性格。每段日記其實都顯示著他有血有淚的人生。

回台之後陸續閱讀相關書籍，也花了一年時間陸續寫出篇章，清龍總是撥出時間爲我校稿，提出建議。尤其他總編輯改稿的習慣，從錯字到標點符號都不放過，眞是令人緊張！如果沒有清龍帶領我進入兩蔣日記的深處，沒有他的鞭策，這本書是不會完成的。

二〇二四年元月 於台北小隱園

第一幕

新郎搶蒂頭，夫妻不到頭

浙江奉化溪口鎮岩頭村，是一個古樸的小村頭，淸澈的岩溪穿村而過，潺潺溪水流過獅子、白象兩巨岩，所以名爲岩頭村。

岩頭村，始建於明洪武三年，卽公元一三七〇年。岩頭村民，多數姓毛，宋初從衢州江山一帶遷移而來。

時間來到淸光緒二十七年（公元一九〇一年），這一天岩頭村頗有喜氣，原來是村裡經常捐注修橋補路的善人毛鼎和要嫁女兒了，毛鼎和在村裡開有祥豐米行和南貨行，嫁女兒當然不能簡陋，嫁妝得排出體面和氣派，這一路紅綢花轎和伴嫁排場要從岩頭蜿蜒走二十里路到溪口鎮，料想得有多少村民駐足指點觀看啊。

新娘隊伍伴隨鑼鼓聲進入溪口，鎮裡更是歡騰起來，然而坐在轎裡毛鼎和的女兒毛福梅心裡是七上八下，她沒有見過新郎。溪口蔣家托媒人來提親，父親一口就答應了，說是溪口蔣家原來也是大戶人家，雖然新郎父親蔣肇聰已經過世家道中落，但媒人說兒子蔣瑞元生性聰明愛讀書，遇事靈活，必成大器。毛福梅祈禱丈夫是個讀書人合自己的意，娘家教她「女子無才便是德」她準備一輩子順從她的丈夫。

花轎終於停在蔣家祠堂門口，鞭炮、鼓樂聲大響，毛福梅不自覺的緊緊抱著母親給她的貴重金飾禮盒，這一路她都緊緊抱著這個珠寶盒，裡面有祖母、母親給的傳家寶，也是給她的面子和依靠。

終於有人揭開帘子，扶她下轎，領她走到拜堂的廳上，新郎和她隨著禮生喊拜就拜，喊升就升，直到「送新郎新娘入洞房」時，新郎好似得救一般，呼一聲往外跑了，再要找新郎進洞房進行坐床、撒帳……等等儀式，卻遍尋不著新郎。大家急得團團轉時，「忽聽門外一陣喧鬧，擁進一大群毛頭後生和頑童來，他們一邊放鞭炮，一邊搶炮仗蒂頭，而放得最多、搶得最快、喊得最來勁的……，就是穿著長袍馬褂的新郎倌蔣瑞元」[1]。村俚語有一種說法：新郎搶蒂頭，夫妻不到頭，這是有意還是無意

1　見王月曦所寫「毛福梅與蔣家父子」。

的觸這個霉頭……。

蔣瑞元的母親王采玉聽說兒子這麼不受教，這麼不懂事，氣得在房裡哭泣，新郎倌被叫進來跪在她面前求饒。王采玉氣得邊罵邊哭時，也是毛福梅傷心垂淚時，她坐在喜幛床邊，不能想像自己嫁給一個這樣頑劣的小丈夫，她的新婚甜美夢想就要破滅，她的心事岩頭父母曉得嗎？那年毛福梅十九歲，蔣瑞元（即蔣介石）才十四歲。

毛福梅度過獨守空房的新婚之夜後，無奈還是氣消了，謹守三從四德在豐鎬房裡陪著婆婆忙進忙出，細心照顧年少的丈夫。一九〇二年岩頭村來了位毛思誠先生，他開堂授課，聽說在他那裡過堂喝過墨水的，大多能考上秀才、舉人。福梅的父親畢竟還是關心女婿的前途，便向毛老師推薦蔣瑞元，於是蔣瑞元就到岩頭來拜師苦讀，學左傳、綱鑑等古籍。毛思誠在他後來的回憶裡說，蔣瑞元讀起書來雖然專注，但也經常嘻鬧同學，「狂態不可一世」。岩頭村人則清楚記得，「這個小後生讀書聲音石響」，他的誦讀聲，竟誇張到岩溪對面山上都聽得到呢！

苦讀一年後，一九〇三年八月（清光緒二十九年）蔣瑞元興匆匆的要去寧波赴考，還把自己改名為蔣志清，唯獨母親王采玉還是叫他阿元。阿元赴考之後，王采玉和毛福梅兩個女人，天天對著觀世音菩薩膜拜，祈求阿元金榜題名出人頭地，無奈這回蔣志清名落孫山回來！而這也是他唯一一次參加清朝的科舉了！

這次科舉落第，意外的是蔣志清並不沮喪，嗅覺敏銳的他發現有一些新式學堂出現了，學生不只是搖頭晃腦讀經書，他們也教一些科學課程，於是他決定趕上新潮流，到奉化縣城就讀新式的「鳳麓學堂」。蔣母唯一的條件是帶妻子同行，蔣志清也爽快的答應了，他覺得有福梅照顧他的生活也不錯，但苦的是毛福梅，原來除了照顧丈夫，蔣志清還盤算著要她也去上學！

在岩頭家裡她被教導無才便是德，甚至還裹過小腳，她是舊社會裡不識字的女人，可是蔣志清知道奉化有一所「作新女校」，校長是有名的女詩人王慕蘭，縣城裡的大家閨秀都想擠進去，他的妻子當然也要去讀書。

但是作新女校的「啟蒙班」大都是八、九歲的小女孩兒，有的還掛著鼻涕坐在課堂裡，二十一歲已經嫁爲人婦的毛福梅走進課室就覺得渾身發燙，羞愧難忍，「尤其在當衆背誦課文或回答問題時，稍出差錯就羞得滿面通紅，無地自容，有一回竟嚇得當場暈倒」。[2] 儘管處境如此艱難，爲了滿足丈夫的期待，毛福梅只好硬著頭皮，勉

2　同註1。

力爲之。

幸好校長常常鼓勵福梅，爲她取一個學名叫「從青」，意即從頭學起，青出於藍。毛福梅又爲人客氣，喜愛助人，女孩子們漸漸都喜歡她。有一位叫陳志堅的姑娘和她感情最好，甚至結拜爲姊妹，是毛福梅啟蒙上學期間最大的收穫了。

隔年一九〇四，蔣志清在遠房舅舅孫琴鳳的推薦下跟隨顧清廉學習，對《孫子兵法》和《曾文正公文集》特別深研。顧清廉是一個理學家，也對學生談到孫文進行的反清革命、倫敦蒙難事蹟，沒想到蔣志清一聽十分著迷，提出不少問題。蔣志清慢慢嚮往著革命浪潮，顧清廉這時激動的對蔣說：「當今青年欲成大器，留學日本，適其時也！」

顧清廉啟動蔣志清思維裡的革命血液和遙遠東瀛夢的按鈕，使他思潮彭湃，加上近日朝廷腐敗官府欺壓他們孤兒寡母，強索錢糧的惡霸行徑，蔣志清想想拿起刀子，用力劃落他留了十八年的粗黑大辮子，然後寄回家宣示告別一個舊時代。他這個大動作不僅引起鄉里物議，母親王采玉看了烏黑的髮辮，也頗爲心驚，身體髮膚受之父母，他竟這麼就讓……刀起髮落！[3]

3　同註1。

第二幕

見到孫中山，改名蔣中正

一九〇五年蔣志清踏浪遠行，走上留日之路，一心想進入日本陸軍士官學校。不料清廷已經跟日本政府私下約定，要進日本陸軍士官學校，學生必須經清政府陸軍部保薦，蔣志清只得權宜進入日本專爲留日學生開辦補習日文的「清華學校」。

但到了那年冬天，母親就急急寫信催他回家，原因是親妹妹蔣瑞蓮要出嫁了，「汝爲長兄，當主其事，……切記，切記！」蔣志清料想這是母親王采玉要誆他回去的理由，蔣志清哪裡那麼好商量，但他回頭一想，聽聞明年保定軍官學校要招生，不如先回去報考保定軍校，再由保定軍校推薦他進入日本陸軍士官學校，當下主意已定，立刻修書一封稟告母親「不日返家」。

小姑瑞蓮要出嫁，毛福梅扛起這個重任，操辦嫁妝既要不鋪張又要不寒嗆，十分耗費心力。剛辦完婚嫁臘月到了，又要張羅新春過年，準備丈夫到各家拜年禮數，還有要陪婆婆到處燒香拜佛，毛福梅持家辛苦忙得像個陀螺，只求婆婆和丈夫滿意。但蔣志清似乎像個旁人，一概不管家事，一心一意只準備報考保定軍校。杭州赴考之後不久放榜，他竟如願的上了紅榜，報榜人吹吹打打來到蔣家門口，一時賀客盈門，婆媳同感歡愉。

殊不知，隔年（一九〇七年）蔣志清就爭取到保定軍校保薦他進入日本振武學校（也就是士官預備學堂），這才是他的目標啊，但這時蔣母和妻子聽到他又要去日本，竟一起反對他，勸他不要再去日本讀什麼軍校了！一來家裡已經沒有積蓄存糧供他放洋留學，特別是剛辦完瑞蓮的婚嫁，開銷了一大筆，二來他和福梅已經結婚六年，傳宗接代這等大事，連一個影子也沒有。

但老娘和老婆的眼淚哪留得下蔣志清，卽使家裡沒錢他也打包好行囊，決心二度踏上東瀛，只是家人不知他行囊之中卻偷偷夾帶著一個首飾箱，正是那年福梅在花轎裡緊緊抱著，最珍貴的陪嫁之物！她平時把這金銀珠飾盒藏在床頭櫃，外人不意察覺的內櫃裡，怎麼會落入她丈夫蔣志清手裡？果然是枕邊人難防嗎？

溪口鄉里傳聞，說蔣志清從珠寶箱裡拿出幾件金飾要到寧波去兌現，但是手續不完備換不成大洋，他不死心又跑去娘舅孫鳳琴那裡，請舅舅去幫忙兌換，孫鳳琴狐疑的問明來路，才知道這是福梅的陪嫁之物，他說了「這怎麼使得，首飾箱是甥媳婦家傳之物，卽使兌換一兩件也不好，還是送還給她爲是，你的川資費用，由我承擔，首飾箱留在我處，由我送回」[1]。就在娘舅孫鳳琴送回首飾盒，事情才傳開，福梅撫摸著失而復得的珠寶盒，又氣又恨，暗自垂淚傷心不已。

孫鳳琴給蔣志清現洋一百元，讓他安心往東瀛留學，他卽轉往天津，與同時保送日本的三個同學會合，乘日籍輪船前往東京，進入日本振武學堂。一九〇六年蔣結識陳英士（卽陳其美），一九〇八年經陳英士和周淡游的介紹，加入同盟會，一九〇九年蔣志清首次謁見了孫中山，這時他把蔣志清這個名字拋棄，爲自己命名爲「蔣中正」、字「介石」，他穿上軍裝拍了一張象徵革命軍人的帥照寄送親友，給表兄照片的背面還有詩曰「騰騰殺氣滿全球，力不如人肯且休，光我神州完我責，東來志豈在封侯！」

1　見王月曦所寫《毛福梅與蔣家父子》。

第三幕

毛福梅有孕，蔣介石有後

一九〇九年暑假蔣介石回到上海，跟隨陳英士投入革命運動，他寫信給母親說因爲要事在身，不能回奉化溪口，便在上海住下。但蔣母王采玉心心念念的是，她曾聽一位出家師父說，蔣家貴孫必出自蔣志清的元配夫人，王采玉好不容易盼到蔣介石回來豈肯放過？上海就上海吧，她決心帶著媳婦去上海跟兒子生活。

但是蔣已經是留過洋的新式青年，看著老婆福梅接待同學，和革命伙伴應對，總是害羞靦腆，覺得很失體面，所以嫌棄得連房門也不進了。蔣母發覺之後氣惱不已，責罵兒子不孝、忘本，後來竟以跳江相逼，「若不與媳婦合好，定去跳黃浦江」。眼看局面尷尬，蔣介石的留日同學林紹楷也趕快從中勸合，做了許多工作，蔣才勉強與福梅合好生活。夏天結束蔣介石又匆匆回去日本留學了，但幸運的是毛福梅終於懷孕了，距離她和丈夫結婚已是漫漫的九個年頭了！

林紹楷的後人也常在蔣家走動，有一次遇到蔣經國還跟他說：「你是在我們林家的幫助下才出生的，蔣經國聽後笑而不語。」

王采玉帶著珠胎已結的毛福梅喜孜孜的回去奉化溪口待產，公元一九一〇年（清宣統二年）四月二十七日豐鎬房裡一個壯實的男孩呱呱墜地了，孩子取名建豐（學名即蔣經國）。這時初爲人父的蔣介石二十三歲，抱著建豐孩兒不忍移開視線的福梅已經是二十八歲的少婦。對於蔣母王采玉來說，她半生守寡，吃齋念佛，燒了上萬柱香終於盼來孫兒出世，她對得起蔣氏祖先了，跪在觀音菩薩佛堂前，不禁歡喜的淚流滿面。

建豐在祖母和娘親的期盼下出世，自然是備受關愛，但也因過度疼愛「戲玩不讓遠離膝前，使小時候的經國不免嬌怯易哭」[1]。祖母的回憶是「無乃父那樣頑態」，也就是說，建豐小時候完全不像他父親蔣介石那樣頑皮胡鬧。毛福梅在「作新女校」的結拜妹妹陳志堅回憶道：「我到蔣家任教那年，經國剛四歲，朝夕共處，喊我姨

1　見徐浩然《蔣經國章亞若在贛南的日子》。

娘，非常親熱。他的儀表、性情都像娘，穩重文雅，懂事聽話，尊敬長輩。」[2]

有一日蔣介石難得興起，肩背獵槍，手牽兒子，去武嶺打鳥，子彈擊發「碰」一聲，卻嚇得建豐摀耳逃回家去，躲在母親懷裡啼哭不已，蔣介石老大不快的說「像娘種」，「膽子小，沒出息！」幸好祖母護著他說：「像娘種有甚不好，兒子像娘，銀子打牆，將來阿拉都要靠豐兒享福呢！」

經國剛出生不久，一九一二年蔣介石一邊搞革命，躲躲藏藏，一邊在上海十里洋場尋歡舒壓，他曾經說過「娶妾爲人生最不道德之事」，但那年冬天重回溪口，竟帶著出身風塵的小妾姚冶誠回來，所幸毛福梅大肚量，豐鎬房暫且相安無事。

一九一六年蔣介石多了一個兒子，取名蔣緯國，有一說蔣緯國是蔣介石在東瀛和日本女子所生，但蔣介石對陳潔如的說法是，大約一九二一年他還住在上海環龍路革命總部時，「有一日門鈴響了，我打開門意外看到一位日本女子帶著一個瘦小的男孩，我認出她來，是愛子女士，她也認出我，我們在日本是朋友，『妳好嗎愛子，妳何時到上海的？我去叫戴季陶下來跟妳見面，他住在上面二樓，等他來與妳見面，他會大爲驚喜！』愛子對介石深深鞠躬，然後望著介石說『這個小男孩是戴季陶的骨肉，你看他樣子像他父親嗎？』[3]蔣介石點點頭衝上二樓，一路喊著「季陶，季陶……愛子來找你了，還帶來你的兒子，哈哈！兒子來找父親」，不意戴季陶臉色灰白，跟蔣介石說「我在日本流亡生活的那一頁已是明日黃花……，我現在有妻子有兒女，我不能見她，拜託你想辦法把她打發走……。」「你眞的不要這個孩子？他看起來很乖巧可愛！」戴季陶不耐的搖搖手，蔣介石沮喪的下樓，想了一想，跟看起來孤單的愛子說「愛子，很抱歉，季陶不在這裡……，妳要不要留話給他。」愛子幾乎要哭出來，她說「……我以爲他眞的愛我，才會千辛萬苦旅行來此，想給他看看他的兒子，我眞是個傻瓜……。蔣先生，請你告訴他，如果他不要自己的孩子，我也不要！她眼裡含淚，吻了孩子一下，然後衝出門口，往街上跑。「愛子回來，回來！」蔣介石追上去，愛子卻在霞飛路轉彎，很快的消失在霞飛路的深處……。

蔣介石不能不理愛子留下的孩子，於是決定收養他取名蔣緯國，交給他的小妾姚冶誠扶養，姚冶誠「母以子爲貴」，從此在蔣家安身立命。

2　見王月曦所寫《毛福梅與蔣家父子》。

3　見《陳潔如回憶錄》。

第四幕

蔣介石母逝休妻

一九一八年孫中山首度起用蔣介石，他開始爲革命奔波，但個性剛愎的蔣，稍有不如意即擺譜回老家休養。一九二〇年蔣介石生了一場大病，當時蔣母身體也越來越虛弱，但還是勉強上普陀山去爲兒子和全家祈福。一九二一年五月孫中山在廣州就任非常大總統，蔣介石從家鄉趕赴廣州隨侍左右，五月底他卻做了一場噩夢，夢見滿山白雪，一望無際，驚醒之後滿身大汗，他想到莫非是自己母親不久人世的凶兆，於是從廣州到上海轉回溪口，兼程返家。六月十四日蔣母王采玉果然溘然長逝，蔣介石戴孝守在靈前，媳婦毛福梅更是哀傷欲絕。

從岩頭村嫁到溪口鎮轉眼二十個寒暑過去，丈夫總是長年在外奔波他的革命事業，對她沒有溫柔眷念，有時還會暴怒打人，都是靠著婆婆呵護撐腰，才有立足之地。婆婆和福梅同甘共苦，感情深厚，她早將婆婆當親娘侍奉，婆婆病痛在身，她送熱茶端湯藥，真心真意到佛前祈禱，做了所有善施為婆婆祈福消災，深恐婆婆一旦倒下，會發生什麼意料之外的苦難。但這個惡夢終於在婆婆王太夫人安葬之後發生了。

蔣母安葬日期為十一月二十三日，孫中山親題碑文，並派許崇智代表他來祭奠，戴季陶、林業明、居正等人從廣州趕來溪口送葬，毛福梅迎來送往面面俱到，為婆婆盡了一切禮儀和孝道，鄉里無不稱道。

孰料，喪禮後僅過了五日，十一月二十八日晚，只見蔣介石在母親生前的佛堂裡埋頭書寫，不一會捧著寫好的文書，把元配毛福梅、小妾姚冶誠和年僅十一歲的經國、六歲的緯國兩孩兒，通通叫到跟前，拿起手稿朗聲讀道：

「余葬母既畢，為人子者一生之大事已盡，此後乃可一心致力於革命，更無其他之掛繫。余今與爾等生母之離異，余以後之成敗生死，家庭自不致因我而再有波累，余十八歲立志革命以來，本已早置生死榮辱於度外，唯每念老母在堂，總不使以余不肖之罪戾，牽連家中之老少，故每於革命臨難決死之前，必託友好代致留母遺稾，以冀余死後聊解親心於萬一。今後可無此念，而望爾兄弟二人，親親和愛，承志繼先，以報爾祖母在生撫育之深恩，上即所以代余慰藉慈親在天之靈也。余此去何日與爾等重敘天倫，實不可知。余所望於爾等，唯此而已。特此條示經、緯兩兒，謹志毋忘，並留爲永久紀念。父泐」。

蔣介石這個休離妻妾條示冥冥之中地留下了一頁紀錄，顯示他的孝道恐怕是用來做門面的，否則不會母親眼一闔，就休掉她最疼愛的兒媳，也看出他現實涼薄的一面。正被他熱烈追求的陳潔如，如果看到蔣爲了娶她而寫的出妻條示，後來被世紀豪門宋美齡重演休妻戲碼，也不用埋怨了！

當時聽到「離異」二字，毛福梅如五雷轟頂，六神頓失，再也聽不到蔣介石要說的是什麼了。愣在當場，眼淚難堪的迸出，她當然不清楚，蔣介石不是爲了專心革命要休妻，而是母親不在了，他可以安心迎娶追求兩三年的十五歲嫩妻陳潔如，「潔如」這個名字還是蔣介石爲她命名的，意卽她純潔、天眞、美麗，就如閉月羞花一般。

父親休妻時，經國十一歲，已經是一個懂事的孩子，他看著母親被休離傷心啜泣，看著母親哀求留在蔣家被辱罵，甚至被毆打，心裡也烙下傷痕，以至於一九三九年底母親不幸死於日機轟炸之後，他還憶起幼年母子相依爲命坎坷的際遇，一九四〇年一月十二日的日記裡痛心的寫著：

「回想起當我母親在艱難的時候（被休離時），人人都不願接近她，都視她已經不是蔣家人……（作者註：此處中間有一段被毛筆畫掉）所有一切苦痛都由伊自己一人承受，有一天晚上我母因爲再不能忍，曾謀自殺之計，家中人明知此事，但沒有一人敢來勸解，只有我跟緊伊，在燈光之下二人相對痛哭，我對母親講了一句話：「姆媽，你就是討飯去，我亦一定跟你討飯去！」我母看我祇說了一句：「國，你是我唯一希望，我可以說是爲你一人做人！」說了就又哭起來，時日雖久，但一一在憶，嗚呼！慈母除汝兒外，尚有誰知汝之痛苦耶！你的痛苦是……（作者註：接著後面用墨筆畫去三行，不知是蔣經國劃掉的，還是後來看到日記者劃去的）

隔天日記又寫下：

「當我幼年時這條路曾經走過好幾次，此次經過福壽庵時，回想到往時，我約十一歲的時候，同母親到奉化去拜訪父親，當時正是我母幾不能在家立足之時，轎夫在福壽橋亭休息時，我對母親痛哭，母親亦哭，同時摸摸我的頭說：『你父親總是你的，無論如何要孝順父親爲最要緊……』（作者註：後面又劃去一段）說了就哭，回想起這件事何其悲傷耶！」

這是經國在日記裡，首度揭露，母親毛福梅當年因爲父親的離棄，在蔣家幾無立足之地時，一度有輕生的念頭，經國生怕意外緊緊跟隨著母親，還跟母親哭道：「你就是討飯去，我亦一定跟你討飯去！」讀到這段悲傷的日記，不難知道經國幼時因爲父母感情不睦，婚姻生變，可能長時期處於不安的狀態裡，而且總是懼怕脾氣暴烈的父親蔣介石。由此也了解他成長後，自然有一種同情弱者的性格。

第五幕

上海姆媽陳潔如

出生上海且接受新式教育的少女陳潔如，是岩頭村毛福梅婚姻中出現的第一個變數，而蔣母王采玉過世則是衝擊著福梅命運的轉折點。一九二一年六月經國的祖母王采玉過世，經國的母親毛福梅頓失依靠，蔣介石馬上盤算著要爲陳潔如休妻離妾，果然十一月二十三日喪禮已畢，十一月二十八日蔣條示全家要和元配毛福梅、小妾姚冶誠離異。一個星期後，十二月五日毛福梅淚水未乾，蔣介石即在上海永安大樓大宴客廳張燈結綵，與陳潔如舉行公開婚禮，在黨國大老張靜江的證婚之下，宣示她爲唯一合法的妻子。當時蔣介石三十四歲，陳潔如才是十五歲的青春少女。

陳潔如的父親原來只是上海買賣紙品的小商人，家境並不富裕。蔣介石為何第一眼見到陳潔如，立卽瘋狂的對她展開追求？這除了陳潔如的青春美貌之外，和他在哪裡遇見陳潔如的，恐怕也有相當的關係。

一九一九年蔣介石剛從日本陸軍學校留學回到上海，認識了國民黨重要人物張靜江，張靜江從父執輩經商起，卽家產豐饒富裕，成為革命黨的資助者。孫中山曾說過：「自同盟會成立以後，始有向外籌資之舉。當時出資最勇而多者，張靜江也。」在這樣的人物家中走動是蔣介石求之不得的。有一日孫中山帶同蔣介石和戴季陶來到張靜江府上，他們高談革命事業時，剛好有幾位少女在一旁談天嬉笑，其中一位叫珍妮，原來她是張靜江年輕續弦夫人朱逸民上海愛國女子中學的同學，比朱逸民還小五歲，是年僅十三歲的女孩子。

男主人張靜江特別介紹她給革命領袖孫中山先生，他愼重的說：「這位是我家的朋友珍妮·陳，她不但很懂中文，而且也能讀寫流利英文，您不妨考考她」。[1] 孫中山隨後誇讚了珍妮，使她臉上泛紅害羞，而她在天時地利人和的歡聚氛圍下，又在張家華美的背景襯托下出場，使得一旁的蔣介石看得目不轉睛，當下就決定追求這位張

1　見《陳潔如回憶錄》。

家的貴客。青春洋溢、天眞無邪，又有才華的珍妮，中文名字叫陳鳳，也就是後來被蔣介石改名爲陳潔如的女子。

蔣介石瘋狂的追求陳鳳，不意陳鳳第一次答應同蔣出門用餐時，在滄州飯店被騙入房間，差點被渾身賀爾蒙的蔣介石霸王硬上弓，年紀輕輕的陳鳳嚇得花容失色，回家高燒生病。蔣介石這個情場老手，像登徒子一般講了許多甜言蜜語，求她原諒，最精采的是不忘牽扯革命事業和國家大義的這封信：「親愛的阿鳳：中國革命尙待完成，但是我，一個革命者，感覺心神沮喪，不能以我的全部精力，貢獻於我們的國家。我終日仰望妳予我必需的慰藉與鼓勵，以安定我的不樂之心。我只要妳答允我一件事，然後我才能重新得到力量，以爲革命效力。如果妳答應寬恕我，並讓我與妳會面，那麼我未來的一切工作和我對國家的所有貢獻，均將是由妳間接促成。我確信妳是深愛中國的，妳愛我們的國家，就不會只顧一己，而吝予國家的一位革命者些許快樂。妳如繼續拒絕同我談話或見面，就將減損這位革命者的高昂士氣和精神。我如得不到妳的答覆，就不會安下心來。我將我的心置於妳的裙邊之下。請告訴我妳將寬恕我，並很快再同我談話。讓我今天就看見妳吧！」

蔣介石這位混跡歡場的老手，用國家大義來誆騙這位單純的少女，意思是「妳對我好，就是對國家好，獻身於我，就是貢獻國家的愛國行爲了！」他甚至發誓要斬斷一根手指，「用我的鮮血，爲妳寫下一張永愛不休的誓書」，「海可乾枯，山可崩塌，我對妳的愛，永世不變！」。阿鳳的母親對這個莽撞的男人放心不下，還是找了偵探調查蔣介石的底細，發現他已有一妻一妾，又無養家財力，於是拒絕蔣的求婚。

這時國民黨大老同時也是蔣介石結拜兄弟的張靜江出面了，他親自去拜訪阿鳳的母親（這時陳父已經過世），給足阿鳳母親面子，並保證陳潔如將是蔣介石「獨一無二的合法妻子」。陳母關切的問，蔣介石未來發展的前景如何？張靜江滔滔不絕的稱讚蔣介石，而他似乎看穿陳母擔憂蔣無財力的心事，於是他說：「革命黨人是靠我們的組織資助的，因此不須擔心金錢或職位。我祇擔心介石心境的平和，這個似乎正是他目前所急需的。孫先生和我已在陳炯明將軍軍中，爲他策劃好了一項革命任務，我期望他集中精神去做。可是，介石刻正全神傾心於令嬡，以致無心兼顧其他。至今令嬡已成爲對他最有實效的影響力。我敢言令嬡與他成婚之後，他的心志將會復歸平靜專一，甚至他的壞脾氣也將漸次好轉。我可預料：只要您惠然同意這樁親事，令嬡將

2　同註1。

能協助他爲國家成就一些大事。[2]

這番大義凜然的求婚說詞眞是史上少見，於是陳母同意了。蔣中正心願得償，一九二一年十二月五日在上海永安大樓的大東旅社大宴客廳與陳潔如舉行婚禮，婚禮由張靜江擔任證婚人，戴季陶爲男方主婚人，阿鳳母親是女方主婚人，他們在西式證書上落款簽名，然後也舉行傳統的拜天地和跪拜長輩儀式。

據《陳潔如回憶錄》敍述，婚後三日他們卽回奉化溪口鎭祭祖，一路風光旖旎的來到溪口鎭，到了蔣家老宅大門口前，她看見一位身形略矮，相貌平平的婦人站在那裡迎接客人，這就是蔣氏宗親說項，才能離婚不離家的毛福梅；這位剛辦完婆婆喪禮，被丈夫休離，兒子又被丈夫強拉去上海讀書，悲苦的蔣介石元配妻子。但她強忍身心的苦痛，得體的對陳潔如說「我歡迎妳來，今天妳來到這個家，是我們的幸運日，願妳給這個家帶來大大的福氣」。接著她依規矩安排新人祭祖，跪拜王太夫人遺像。

陳潔如回憶，她也請毛福梅上座，對她行三鞠躬禮，並奉上一盅茶，蔣介石在一旁觀看，點頭微笑表示認可。在溪口短短十日，毛福梅對陳潔如總是十分和氣，有一天只有她們兩個在客廳折元寶時，她放低聲量卻急急的問潔如：

「妳看過我的兒子經國嗎？他已經十一歲了，孤零零一個人在上海。他比較敏感，怕他父親，他是讓我最掛心的人……」福梅說著伸手抹掉眼角滲出的淚珠。

陳潔如安慰她：「我答應妳，等我回到上海，一定盡全力幫助他，妳可以不要那麼憂心嗎？」

福梅破涕爲笑，感激的說：「如果妳能這樣幫助我們，我會深深感謝妳」。陳潔如心地善良，果然對孤身在上海的蔣經國眞心關照。蔣經國一生中除了生母毛福梅之外，心中最親近的應該就是「上海姆媽」陳潔如。

離開溪口最後一天，蔣介石帶著毛福梅、陳潔如一同遊覽著名的雪竇寺，一時興起三人都抽了籤詩。

蔣介石的籤條寫著：「松樹展頭至參天」，是吉祥光明的兆頭。

毛福梅的籤句是：「稻草遮蓋眞珍珠」，也頗符合福梅的處境。

陳潔如的籤語是：「樹苗遇上颱風起」。卻是不祥和災難的象徵。

陳潔如急忙將籤條搓碎，也不讓蔣介石看。[3]

雪竇寺的籤語，真的能預知未來嗎？陳潔如抽到的籤詩，彷如「一語成讖」，卽使揉碎了，也改變不了她淒迷的命運，和短暫就離散的婚姻。

3 同註1。

第六幕

陳潔如與蔣經國

陳潔如從奉化回到上海不久，有一日旅館門侍帶來一個看似鄉下孩子的學童，他對著蔣介石叫一聲「父親！」然後低頭佇立在一旁，臉上表情嚴肅而緊繃。蔣介石看了孩子一眼，指著陳潔如說「這是你的新母親，去向她敬禮！」然後對潔如說「他是我兒子經國」。

潔如雖然只比經國大五歲，經國還是叫她「姆媽」，然後行了四十五度鞠躬禮。「你就是經國！」潔如想起他母親福梅的請託，柔聲的問：「你坐下來，告訴我一些你的事情。」但是經國太緊張了不敢坐，蔣介石悻悻然注視著他，幸好飯店僕役叫蔣介石去接電話，經國終於放鬆坐下來。陳潔如說「我在溪口住了十天，見了你母親，她請我要照顧你。」「你有寫信給你母親嗎？她很想念你！」但幾次問話經國都是搖頭，陳潔如於是依照上海習俗包了一個二十元紅包給他，另外又取二十元給他買自己喜歡的東西。

再問他「現在住哪裡？」經國終於開口說「在陳果夫叔叔的法國租界房子裡。」「你有夠用的衣服鞋子嗎？」「有的，我有的已經夠用了，謝謝您！」經國開始和陳潔如聊學校和同學時，蔣介石講完電話回來，經國又從座位上跳起來。

但這次初見面，蔣經國已經對陳潔如產生信任感，一九二五年要去莫斯科留學時，深怕父親反對，親自到廣州拜託姆媽陳潔如去跟父親商量。當天夜裡陳潔如對蔣介石說「經國來了，他來請你同意他去莫斯科留學。」陳潔如回憶說，蔣的第一句話是「那塊木頭沒有用！」「他去那麼遠有甚麼用？」陳潔如提醒他「不要這樣說，他是你的獨子，他很敏感還在成長階段，……你現在對他說什麼，他永遠都會記得，請你務必對他溫和善良一些……」。這個提醒讓蔣介石頓時沉默起來。按陳潔如的說法，蔣介石對經國似乎是反射性的否定，陳潔如提醒他只有這個孩子。

而一九一七年列寧領導的布爾什維克派發動政變，建立「蘇聯」，史上稱為十月革命。之後，中國學生掀起蘇聯熱，甚至集體奔向紅朝，「處此情況，為了追尋理想，堅持信仰，獻身中國波瀾壯闊的革命大業，熱血的經國想去莫斯科孫逸仙大學，就再自然不過了。」[1]。要不要讓經國去莫斯科。當時蔣介石可能還有另一層考慮，他想經國既無心讀書，還會上街參與學潮，一時並想不出很好的安排。客觀形勢，既有孫逸仙大學創設，又有蘇聯顧問鮑羅廷引薦，順著兒子的意思，讓他到俄羅斯去鍛鍊鍛鍊，未嘗不是件好事，而當時蔣介石跟蘇聯的關係還相當緊密，於是就同意經國去蘇聯留學。出發前夕，陳潔如特別安排蔣介石請經國和他的年輕朋友共進午餐，還去相館拍照留念，這時她特別細心安排經國坐在父親蔣介石身旁，據陳潔如回憶，當時一起用餐拍照的還有汪精衛的兒子、女兒，還有革命志士朱執信的女兒，用餐期間經國顯得很開心。

當年與蔣經國一同錄取赴莫斯科中山大學留學的中國學生，共有三百四十人[2]，其中三十名是由蘇聯顧問鮑羅廷推薦的國民黨要員子弟。

著名者除了蔣經國，還有廖仲愷之子廖承志、葉楚傖之子葉南、邵力子之子邵子綱、于右任之女于芝秀、女婿屈武、馮玉祥之子馮國洪、女兒馮弗能等。

離開廣州前，經國特別跟上海姆媽道別，他說「謝謝妳讓父親喜歡我」，陳潔如依依不捨的，給他準備了一些羊毛衣物、襪子、手帕，一些食品和一百元廣東銀元，和他相約五年後再見，她說「我希望五年之後能再見到你，一定要好好用功，隨時寫信給我。」[3]不料事與願違，兩年後，一九二七年蔣介石爲了迎娶宋美齡而狠心拋棄陳潔如，甚至逼她離開中國赴美「留學」五年，躲開衆人的視線。陳潔如這時才知君心不似我心，和經國的五年之約不到，她已經被逼離開蔣家。而五年後蔣經國也還在蘇聯，甚至滯留冰冷的西伯利亞不得返國。一九三七年蔣經國終於回到中國，那時見到姆媽不是陳潔如，而是宋母美齡了。

陳潔如還有一段私下匯錢給蔣經國的回憶，大約一九二六年，蔣經國從莫斯科寄來一封急信，幫忙整理書信的陳潔如看到了，信中說「去年，我的箱子被人偷去，因此我多半的衣服都丟了。今年冬天，我急需一些厚衣服，以保溫暖。莫斯科冬季的刺骨嚴寒是我所無法承受的。現在，我只有身上穿的這些衣服。請儘速匯些錢給我買衣服。我極爲需要。這是急迫的……。經國。」

陳潔如趕緊把信給蔣介石看，「他看完只是把信丟還給我，到了晚上我問他，經國買冬衣的事情怎麼樣？那邊不久就會很冷，他急切的有此需要。他答說：『一定要給他一點教訓，他怎可如此粗心大意，讓衣物被偷了？他一定要爲

1　見江南著《蔣經國傳》。

2　同註1。

3　見《陳潔如回憶錄》。

自己的疏忽負責。我不能匯錢給他！』三天過了，介石仍未再提此事，於是我問：『你到底決定要匯多少錢給經國買冬衣？他正在等待你的答覆。』他漠然答道：『我不會匯錢給他。』我十分擔心經國在莫斯科的困境，就問當時擔任介石秘書的陳果夫，這事該怎麼辦？他答說：『介石既然拒絕幫助，逼他也是沒有用的，祇會刺激他，傷感情。妳是知道他的壞脾氣的』」。[4]

眼看張羅不出錢，陳潔如決定自己匯錢給經國，她走進臥室，從她的小首飾匣中取出一疊廣東鈔票，這是兩年來她僅有的積蓄，爲省下這筆錢，她曾忍著捨不得買許多東西。爲了親愛的福梅，她將這筆錢交給陳果夫，並對他說：「這是我手中的全部現金，一共兩千圓。這孩子遠在海外，今冬連保暖的衣服都沒有，你最好立即給他匯過去，就說是父親給他的」。陳果夫對她說：「妳眞是一位善良又慈愛的繼母」。陳潔如心想，她曾答應過福梅要照顧她的兒子，她就一定要做到。

由於蔣經國和陳潔如年紀相近，陳又十分關心照料他，這使得蔣經國對她感恩在心，不曾或忘。據陳潔如的孫婿陸久之（陳潔如養女陳陪陪之女婿）說，蔣經國從蘇聯回國之後，曾經帶著夫人蔣方良女士前去探望陳潔如。來台之後，蔣經國也曾透過

4　同註3。

特殊管道，關切身陷大陸的陳潔如處境。一九六一年陳潔如在周恩來批准下移居香港，傳聞蔣經國曾經幫她在九龍購置豪宅，供她安養晚年。

這裡回到蔣介石爲何後來都無子嗣，根據《陳潔如回憶錄》的描述，結婚前她對蔣介石的私生活可以說沒有掌握，婚後不久，在他們婚禮擔任媒人的馮介文從蘇州來，他是蔣介石的朋友，一個大嘴巴到處蜚短流長的人，他忽然對著陳潔如說：「好一個美人兒，正好適合介石的年齡，他專愛年輕的！」又說「我很高興他找到妳，從此就不必再去荒唐放縱了。」

「閉嘴！」介石對他大喊，他還是關不住嘴巴的說：「你的確是一個大情人啊，你對醇酒、女人，有一種不能控制的衝動……。」陳潔如聽了很震驚又難堪，就避開了。

不久之後有一日，陳潔如和蔣介石從蘇州遊玩回來，她發現自己身上出了許多紅疹子，手腕、腿上都是，抹了藥膏也沒有用，這些紅疹不會癢，卻很不美觀，陳潔如疑惑自己從來沒有得過這種毛病，但蔣介石似乎明白了所以，帶她去看他的朋友李大夫。這位醫師是柏林海德堡．考克學院及漢堡特羅本學院畢業生，專研細菌學和性病。李大夫取了蔣介石和陳潔如的血樣，以便做瓦塞爾曼氏反應檢查（梅毒的血清診斷法）。等了三個令人煩躁的日子之後再到醫院，這位血清專家宣佈他們的血液都有陽性反應！卽蔣介石和陳潔如都得了梅毒性病。聽到這個診斷結果，陳潔如登時發狂似的從座位上跳起來，衝出診所，快步走下台階，直奔到仁記路，就坐上一輛出租汽車，回到母親家。

見到母親更是崩潰「噢，媽媽！」她哭訴著，「我得了性病，大夫告訴我的，看看我這個鬼毛病！」不到半小時，蔣介石趕來了，解釋說這病是輕度的，用六〇六針就可完全治癒。他承認這是他自己的舊毛病，他傳給了潔如。「我再也不願回到你身邊！」陳潔如叫喊著說「你是個邪惡的人，我要跟你離婚！」「要怎做才可以使妳相信我是眞的悔罪？」他哀求的問，低頭站在那裡。

後續的治療是，李大夫在陳潔如臂上做了六〇六靜脈注射，醫生向陳潔如說，蔣介石與她此生應該都不能生育了，就是說有耐心治療不斷的話，她的症狀會痊癒。但醫生跟她坦白說，「淋病菌進入了妳的身體，或者確實點說，進入妳的輸卵管或卵巢之後，可能使妳不能懷孕，但是，妳的病情算是輕度的，所以如果妳繼續治療，也許不必爲此擔憂」。輪到蔣介石進入大夫的診療室，他打過針後，李大夫責備他：「你在結婚前，本應先完成你前次的治療，但你沒有等待充分的時間，求得完整的治療，因此傳染給了你的夫人。你原已患有『副睪炎』（epididymitis），已經使你不育。今日又梅毒復發，今後你恐怕不可能再生育孩子了！」[6]

這就是陳潔如認定蔣介石不可能再有孩子的原因，善意的跟他說「經國是你的獨子」。

5　同註3。
6　同註3。

第七幕

她做了七年蔣夫人

一九二一年至一九二七年，陳潔如在國民黨人眼中早是蔣夫人和總司令夫人，她跟隨在蔣介石身邊，爲他處理書信，草擬電報，目睹蔣介石和陳炯明的衝突過程。根據《陳潔如回憶錄》所敍，陳炯明叛變時，「介石和我登上永豐艦共赴危難，孫先生淚水盈眶看著我們，一下子竟說不出話來……」。接著她見證蔣介石成爲黃埔軍校創校校長，跟蔣介石一起住在黃埔校舍裡。一九二六年七月，陪同蔣介石出席「就任北伐軍總司令宣示效忠典禮」，可以說參與蔣介石的革命事業頗多。

周恩來當年以共產黨員身份跨黨加入國民黨時，介紹人卽是蔣介石，他跟隨蔣介石在「親愛精誠」的黃埔軍校共事，成爲蔣得力的青年幹部，和黃埔師生一樣，周尊稱比自己小六歲的陳潔如爲「蔣師母」。蔣介石棄守大陸時，陳潔如已經回到中國居住，在共產黨治下，周恩來特別關照她，且一輩子沒有改口仍稱她「蔣師母」。

一九二七年北伐中途發生「寧漢分裂」，是國民黨政府的重大危機，對陳潔如個人卻也是人生的分水嶺，她的陽光坦途結束而進入佈滿荊棘的未來。而遠在莫斯科的蔣經國也受到波及，當蔣介石「背叛」革命的訊息傳到莫斯科，孫中山大學中國留學生群情激憤，蔣經國也寫了一封公開信，要和蔣介石脫離父子關係。

陳潔如記得，當時蔣介石接到一封來自漢口的急電。陳潔如剛走進客廳，蔣介石先一步打開電報封套來看。他看後臉色大變，就將電報甩掉。然後，他以雙手抱拳，頻頻捶頭，從桌上拿起一隻花瓶，摔得粉碎！整個人垮在一張安樂椅中，垂下頭痛哭起來。一下子陳潔如驚慌失措，向他懇求說：「噢，鎮靜些，發生了什麼事?!」「他們剝奪了我的領導地位，我的一切計畫都完了，我所有的希望都破滅了！」

陳潔如從地板上拾起那封電報來看，電報大意是說：「八十位國民黨員、國民政府委員，及新任中央執行委員會已投票通過其本身爲漢口國民政府，掌有最高權力」。

這當然是一個決定性的打擊。蔣介石原是政府首長，國民政府委員、中央執行委員會主席、軍事委員會主席。何以他沒有被邀出席會議，而遭到完全地排除在外？

隨後廖仲愷夫人何香凝代表漢口方面來耐心的解釋說：「鮑羅廷認爲漢口是較爲適宜的政府所在地，於是國民黨已核可」。「國民黨已經由廣州遷到漢口，現在本黨已設立一個政府，由最近從法國回來的汪精衛擔任主席，陳友仁是外交部長，宋子文是財政部長。事實上，孫夫人支持這個政府，她和她母親以及兩位姊妹，以及孔家子女現都在漢口，以慶祝這件大事。」[1] 陳香凝交給蔣介石越多文件，蔣越激動，機警的陳潔如把他的手槍藏起來。

其中一封是汪精衛對黨員的命令：「致國民黨全體黨員之命令：自北伐發動以來，所有軍政事務及黨務均集中於蔣介石一人之手。此卽謂本黨已不能指揮政治行政事宜，而僅由軍事機構指揮之。此項體制缺失甚多，不但所有本黨之墮落無用分子能藉以獲得保障，且更將諸多官僚及狡詐之投機分子引進本黨，因而竟自此產生出一獨裁者及一軍事專制者。吾人對此已無法再多容忍一日」。這封對黨員的命令，由汪精衛和鮑羅廷署名發出。蔣介石看完這項文件時，他失魂落魄似的站起來，大聲說：「那麼，漢口政府以爲可以不要我了？笑話！」[2]

1　見《陳潔如回憶錄》。

2　同註1。

蔣介石憤怒之下，果然吼著「我的槍呢！」進入歇斯底里的狀態，但冷靜下來之後，蔣是不可能拔槍自盡的，他也不會放棄北伐統一中國的夢想，他馬上想到爲確保繼續北伐，就是要斬斷對方的財源，他想到江浙財團，要使漢口政府失去財政部長宋子文。蔣介石立卽跟宋靄齡展開交易，他們在中國銀行的汽輪上長談國內外局勢長達一日，最後宋靄齡孔夫人開出的關鍵條件是，要蔣拋棄陳潔如，和她的妹妹宋美齡結婚。

孔夫人告訴蔣介石：「你是一顆明日之星。你要讓你這顆明星殞落與升起時一樣快嗎？你要讓共產黨人按照他們共黨的奸詐陰謀，把你掃地出門嗎？今天，鮑羅廷的意旨是要接收你的權力，交給加倫將軍。你定會被他們消滅殆盡，只是時間遲早罷了，這點無可置疑。難道你怯於鬥爭，乖乖接受失敗嗎？」

「我要老實告訴你，你如單槍匹馬，爲國民黨目標奮鬥，我可以說，你縱使有此精神，但卻無足夠的性格足以推動你的工作。但是，精神並非一切，這個解放並重建中國，制定國家憲法的重責大任，需要很大很多影響力、金錢、性格與威望。照目前情形，這些你一樣都沒有。環繞在你周圍的，盡是些無能儒夫，其興趣所在，無非私利而已矣。他們所汲汲營求的，無非一己的私利私益，並非你的目的。你當知這些都是眞話，不過，局勢也並非絕望，我願與你作成一項交易是這樣的：我不但要如你所願，慫恿我的弟弟子文，脫離漢口政府，而且還要更進一步，他和我並將盡力號召上海具有帶頭作用的大銀行家們，以必要的款項支持你，用以購買你所需要的軍火，俾得繼續北伐，我們擁有所有的關係和門路。你自己知道，你不會再從漢口獲得任何經費或支援。而作爲交換條件，你要同意娶我的妹妹美齡，也要答應一俟南京政府成立就派我丈夫孔祥熙擔任閣揆，我弟弟宋子文做你的財政部長」。[3]

擺在蔣介石面前的，就是北伐統一中國成爲中國最高領導人的一線希望，和孔宋豪門才貌兼具的三千金宋美齡，對他而言，剩下的只是如何勸退陳潔如，把她隱藏起來而已。

回到陳潔如這裡，雖然宋靄齡的條件很凶狠，但蔣別無選擇決定照作，他要拋棄山盟海誓才追求來的陳潔如，要捨棄和他共犯難生活七年的妻子。蔣毫不迂迴的對陳潔如吐實，請她避開五年，讓自己迎娶宋美齡，獲得不理漢口、繼續推進北伐所需要的協助，他說這祇是一樁政治婚姻！

陳潔如心跳加速，卻一臉茫然，自從結婚之後，她的生命已牽繫在這個男人身

3　同註1。

上，而如今竟要她避開一旁，好像他們的婚姻只是兒戲一場，說散場就散場。

蔣繼續說：「妳願意去美國攻讀五年嗎？妳不會感覺孤獨，我將安排黛瑞莎和海倫，張靜江的兩個女兒陪伴你去。只是短短五年而已，妳返國時，南京政府將已成立，那時我們將恢復共同生活，我們的愛情將始終如一，我可發誓信守不渝。妳知道除妳之外，我不會愛上別的女人。將來我們仍將並肩努力，正如我們至今所計畫的一樣，妳可以同意這個誓約嗎？」

空氣好像凝結了，陳潔如面對步步進逼，感到無法呼吸，她知道這是蔣介石用來哄騙自己的，過去蔣說的海誓山盟還少嗎？這次說什麼誓言都是空話，因爲陳潔如知道孔宋這個對手太強了，而蔣介石的野心又太大，誰能塡滿呢？她知道她無法挽回一切了，於是哀傷的回去母親家。

幾個月後蔣介石追到陳潔如家，拿著三張船票要給她，狼狽的說：「妳之必須遠走美國，是宋靄齡的條件之一。潔如，我明知請妳這樣做，是過份了，但我也是完完全全爲了中國之統一，才敢請妳拿出妳的愛國心來幫助國家。妳如留在上海，這全盤交易就會告吹。妳還不了解我的苦楚嗎？」

陳潔如泫然欲泣，輕蔑地看著他，心中對他卻油然生出惻隱之情。這時潔如母親回來了，對蔣說：「你說五年，是真心話呢？還是用來騙我女兒的？」「當然講的是真心話！」。

於是陳母走向佛壇前，點了三柱香，燃起一對蠟燭，請蔣介石對神明發誓，蔣毫不猶疑的說出這段話：「我發誓自今日起五年之內，必定恢復與潔如的婚姻關係。如果違反誓言，沒有將她接回，祈求我佛將我殛斃，將我的南京政府打成粉碎。如果十年二十年內，我不對她履行我的責任，任憑佛祖毀滅我的政府，並將我放逐於中國之外，永不許回來」。[4]

蔣發了這個重誓之後，陳母接下了船票。三柱清香緲緲化為灰燼時，潔如還在母親的懷裡哭泣。也許神明聽見了誓言和眼淚墜落的聲音，蔣介石沒有想要實踐他的誓言，二十年後他的政府果然逐漸崩蹋了，一九四九年他倉皇逃離中國神州大地，避居海外台灣，終身無能再踏上故土一步。

一九二七年八月十九日陳潔如搭乘傑克遜總統號遊輪離開她成長的中國上海，離開卽將成爲別人丈夫的蔣介石，離開她心愛的母親……，前往美國留學，或者說是開

4　同註1。

始了流放生活，望不盡的滾滾黃埔江水都是她無法平復的思緒和哀愁。

幾天後，日本媒體轉述美聯社報導「蔣介石夫人搭輪船赴美」，但九月十九日同樣美聯社刊登蔣介石否認「蔣夫人在美」的報導：據引述，前國民革命軍總司令蔣介石，在奉化一次記者採訪中，蔣宣稱本月稍早自中國搭乘傑克遜總統號前往舊金山之婦人並非其妻。蔣對指述此婦卽爲其妻之訊息，認之爲「政敵之虛構」，旨在以任何手段，使其難堪。蔣並稱，他不認識該電訊中所述及之「蔣介石夫人」。

九月二十四日《紐約時報》報導蔣宋結婚計畫，報導如下：

> 蔣氏指責政敵捏造其已有妻室之謠傳，渠正計畫與宋女士結婚之時，此事再度盛傳，渠表憤慨。婚事尚未確定，宋女士須獲其母親同意，否則將不出嫁，蔣氏將赴日徵求同意。

一九二七年九月二十八日、二十九日、三十日這三日，爲了「導正視聽」，蔣再大動作刊登「作廢妻妾」之啟事，上海的「申報」、「時事新報」、「新聞報」等，刊登了一則「蔣中正啟事」的醒目廣告，標題字是木刻的，廣告用較大的三號鉛字排印。文曰：

「各位同志對於中正家事，多有來求疑者，因未及遍覆，特此奉告如下——民國十年，元配毛氏與中正正式離婚。其他兩氏，本無婚約，現已與中正脫離關係。現除家有二子外，並無妻女。惟傳聞失實，易滋淆惑，特此奉覆。」

從舊金山到紐約，陳潔如一路遭受這許多殘忍訊息的衝擊，她想問介石，不是說五年後回去共同生活，愛情依舊？為什麼說是本無婚約？那麼，在上海永安大樓舉行的婚禮算什麼？「這樣說來，我竟不再是蔣介石夫人了！對我而言，這個名稱已成為笑柄。我知道現在我已被完全抹煞，我心中十分痛苦，直如遭受拷刑。我悶悶不樂，無法平靜，走路時猶如腿上銬著鐵鍊，頸上掛著一塊告示，標明我是何人的下堂之妻、被遺棄的女人。」[5]

為了蔣的承諾，孤身來到紐約這個陌生城市，沒想到得到這樣絕望的結果，明知蔣介石說的都是謊言，為什麼還要相信他遠渡重洋？想著想著，陳潔如夜裡不能成眠，到了黎明時分離開住處，在七十九街漫無目的來回走著，失魂落魄，舉目無親。慢慢的，她走上了河邊大道，哈德遜河水徐徐流著，河風輕輕吹散她的頭髮，彷彿有

5　同註1。

一種奇異的寧靜，迷人的河水，可以讓她卸掉沉重的悲痛，飄向另一個無憂世界吧，再見了母親……於是，她腳踩上欄杆，身體挺起正要攀越，忽然身後有人按住她的肩膀，「別作傻事！」是一個白髮的老翁大聲叫住她，「別作傻事，自殺是懦弱的行爲，不要拋棄你的年輕生命，回家去吧！學著過有用的生活！」

陳潔如驚醒之後渾身發抖，那位白髮老伯伯憐憫的陪她走回公寓住處。陌生人救了陳潔如，使她沒有成爲哈德遜河上飄浮的無名身軀。多年後陳潔如回到中國，渡過幾十年孤寂歲月，最終落腳香江，寫下自己的故事。

一九六一年中國大饑荒時，陳潔如攜帶周恩來批示的路條，逃到香港。不久就在蔣介石的舊識李蔭生、李時敏兄弟的協助下，於一九六三年秋完成一本回憶錄。李氏兄弟把陳潔如的口述寫成英文，而且還爲她出面在美交涉出版，與紐約的一個出版經紀人希爾（Lawrence Epps Hill）簽下委託書，尋找合適出版商。此舉當然立刻引起臺灣當局的震驚。《陳潔如回憶錄》的英文稿一共四百二十五頁，與經紀人簽訂的委託書上註明是「作爲蔣介石夫人七年的生活回憶」，並保證「內容全部屬實」，這時蔣家，尤其蔣宋美齡如何受得了？

解鈴還需繫鈴人，當年受蔣之託，參與「勸退」陳潔如的陳立夫，又要負責向她「動之以家國大義」了。陳立夫先在信中給她送去一頂高帽：「希望君一如往昔，保持個人偉大人格。重友誼而輕物質，不爲歹人所利用。」折騰了好一陣，在陳立夫協調下，陳潔如收下十五萬美元，具結保證不出書。陳立夫死後多年，他的兒媳林穎曾仍然保存了陳潔如當年的親筆收據，上面寫著「茲由立夫先生交下洋十五萬元整。該款業已如數如記。此後潔如與介石雙方恢復自由，一切行動與對方無涉，特立此據爲憑。陳潔如具一九六四年十二月三十日」。

一九六一陳潔如順利來到香港，是否帶有共產黨的「任務」無從知悉，但咫尺天涯，一九六二年在台灣的蔣介石，曾對她動之以情，蔣介石通過戴安國這位秘密使節，在極端保密的安排下轉給陳潔如一封親筆信。蔣在這封信上說：「昔風雨同舟的日子裡，所受照拂，未嘗須臾去懷。」

而一九七一年陳潔如過世前留言蔣介石的是：「三十多年來，我的委屈惟君知之。然而，爲保持君等家國名譽，我一直忍受著最大的自我犧牲，至死不肯爲人利用。」[6]

陳潔如拿了一筆生活費，被台灣的蔣氏父子勸下不出版回憶錄了，但奇妙的是以爲已經消逝的《陳潔如回憶錄》在紐約神秘失蹤近三十年後，忽然又在史丹福大學胡佛檔案館收藏的「張歆海文件」（H.H.Chang Papers）中發現。後來海外傳聞，張歆海文件中這份「陳稿」，是程思遠先生轉給張氏的，張氏夾帶放入他的文件中，《陳潔如回憶錄》便神不知鬼不覺的存檔於胡佛檔案館。7

程思遠爲周恩來的部屬，後曾任中共全國政協副主席，爲傳記文學版《陳潔如回憶錄》寫序的唐德剛說，陳潔如在周恩來放行來到香港後，她的閨密郭德潔和丈夫李宗仁也輾轉到香港，程思遠曾經奉周恩來指示，到香港遊說李宗仁和郭德潔夫婦返國定居。張歆海則爲海外留學生，一九二二年獲得哈佛大學文學博士學位。五〇年代張歆海在紐約懷才不遇，周恩來又指示程思遠到紐約接觸張歆海，後來張歆海曾回中國北大教書。依據唐德剛這些描述，程思遠在香江應該是透過郭德潔接觸到她的閨蜜陳潔如，也知道她寫了傳記卻未能出版。而程思遠後來在紐約又見到張歆海，遊說他返國教書。可能因此因緣俱足，張歆海得以存留陳潔如一生不平的際遇。

而大約二十年前，二〇〇四年，蔣經國之子蔣孝勇遺孀蔣方智怡，也把蔣介石

6　見陸久之談岳母陳潔如。

7　見《陳潔如回憶錄》之唐德剛序言。

與蔣經國生前私人日記（合稱「兩蔣日記」）送進美國史丹佛大學胡佛研究所。胡佛檔案館花費大量資源、時間把日記拍成微捲，再以微捲複印爲紙本，開放研究閱覽。如今兩蔣日記已對外公開閱讀，並於二〇二三年送一份影本回台灣國史館。

兩蔣父子和陳潔如，生前愛恨交織，離散兩難，不料身後介石、潔如和經國的眞心實語卻穿越時空，在美國史丹福大學的胡佛檔案館相逢了，一段時間以來，胡佛檔案館成爲研究民國歷史的重鎭之一，吸引著海內外研究者，空氣裡飄溢著民國史風。

而《陳潔如回憶錄》靜靜存放在胡佛檔案室中許久，直到二十世紀九〇年代初，才有《陳潔如回憶錄》中、英文版本節選流出。一九九一年十二月，台灣《傳記文學》月刊聲稱收到某神秘供稿人之《陳潔如回憶錄》英文原稿，並有署名「金忠立」中文譯本。《傳記文學》自一九九二年一月開始分期連載，主標題作「蔣中正陳潔如的婚姻故事」，並有副題「改變民國歷史的陳潔如回憶錄」。

《傳記文學》在月刊連載之後，一九九二年六月出版《陳潔如回憶錄》中文全譯本，全書約有二十一萬字。台灣《新新聞》周刊在一九九二年二、三月時，也分四次連載《陳潔如回憶錄》的摘要，標題作「我做了七年的蔣中正夫人」，之後發行的節譯本，共約十一萬字。

一九九二年《陳潔如回憶錄》出版，衝擊很多人心目中蔣公的偉岸形象，因此也有人說那是後人造假的，但多數閱讀者則相信那是眞本。時間已經來到二十世紀末，介石、潔如都已聚散成煙，絕塵而去，料想也不會計較太多是非對錯。你說你的，我說我的，都是一本故事，到底誰欠誰比較多？就留給後人去琢磨了。

倒是，一九九二年《陳潔如回憶錄》問世時，當事人只有宋美齡還獨活於人世，已經高齡九十四歲的她，住在紐約長島，每天看著落日餘暉，時間對她的意義是什麼？卽使她知道《陳潔如回憶錄》出版了，心裡還會起波瀾？還會跳起來像當年要求《紐約時報》更正一樣[8]，堅持

8 見周書楷口述傳記，概述如下：

一九六五年，宋美齡赴美，在美國停留了十四個月。恰在此時，《紐約時報》刊登了一篇報導，其中有一句說「宋美齡是蔣介石的第三任夫人」。這句話本身就是事實，蔣介石原配是毛福梅，後來又公開娶了陳潔如，最終爲了獲得北伐資金援助，再娶了孔宋家族的宋美齡。

《紐約時報》文章稱宋美齡並不是蔣總統的原配，而是蔣介石的第三任夫人，言下之意是這個「第一夫人」的稱號似乎有疑問。

看到報導後宋美齡勃然大怒，立即打電話給當時的駐美大使周書楷，要他以「中華民國」駐美大使的名義，前去《紐約時報》進行交涉，要對方澄淸事實並公開道歉。

周書楷長期在國外生活、工作，熟知西方媒體這種自由開放的報導風格，爲了吸引讀者的眼球，什麼都敢報導。何況關於宋美齡的這篇文章，他覺得基本上符合事實，所以感到很爲難。

說「我才是唯一的蔣夫人、蔣介石唯一的妻子」嗎？夕陽漸漸西沉了，回想起從前，只能喟嘆一聲當年青春多嬌啊！

周書楷表面上應承了下來，其實並沒有這個打算，他以爲老太太只是一時氣惱，時間一長就忘掉了。哪知道宋美齡對這件事不依不饒，多次向周書楷詢問交涉的進展。有一次，宋美齡把周書楷叫到住處，責問他爲何辦事拖拖拉拉？周書楷只得實話實說，他回答：這是美國，不是台灣，要《紐約時報》道歉可沒那麼容易。宋美齡一聽火了，好啊，原來你一直在糊弄我，根本沒有把我交代的事情放在心裡。於是厲聲責問周書楷：你這個駐美大使是吃乾飯的？這麼一點小事都擺不平？被逼急了的周書楷，情急之下頂撞了一句：「我周書楷是中華民國的大使，不是你的僕人！」

從來沒有人敢對宋美齡說這樣的話！宋美齡暴跳如雷，隨即起身給了周書楷一個響亮的耳光，歇斯底里地咆哮起來：「我就是中華民國！我就是中華民國！你給我滾出去！」這時候的宋美齡被外媒貶爲蔣的三個妻子之一，還是第三個！激動得動手動口，已經完全不顧形象了。

第八幕

黑呢大披風原來是愛的印記

從大陸時期一直到避居台灣，蔣介石在出行、巡視、檢閱部隊時，身上經常罩著一件全身無袖的黑呢大披風，大家對他這身帥氣英武的打扮印象深刻。但卻不知這件披風居然是他和陳潔如愛的印記。

一九二三年，時在廣州的蔣介石、陳潔如夫婦相邀桂軍總司令劉震寰夫婦前往香港短暫旅遊。豪華汽輪抵達香江時，蔣介石在香港的朋友李時敏先生前來接船。李時敏住羅便臣道，他故世的父親李博是位殷實商人，曾資助過孫中山革命運動。在李時敏的熱情邀請下，蔣介石、劉震寰夫婦均下榻於李家。短短的香港之行，他們驅車赴旗山，登上峰頂，遠眺香港全貌及維多利亞海灣，並在傍海而建的淺水灣大酒店飲茶、賞景。

香港匆匆兩日。蔣介石一行準備離開香港返回廣州，李時敏貼心的打電話給香港警局的督察布瑞南，請他到港粵輪船公司碼頭向邊檢人員打招呼，以便順利通關。

李時敏送蔣介石、劉震寰夫婦抵達碼頭時，布瑞南督察已爲他們辦好了放行手續，並在碼頭恭候。李時敏爲雙方一一作了介紹。這時，蔣介石一反常態地眼睛直盯著督察先生的身上。原來布瑞南先生身披一件全身無袖深色呢質大氅，蔣介石顯然是被這件別具風味的披風給迷住了。他還私下向陳潔如提了兩次，誇讚這種大氅別緻、神氣，披在身上有一種高貴的氣質和風度。

陳潔如心有靈犀，知道蔣介石喜歡上了這種披風。在蔣介石與劉震寰夫婦登船時，陳潔如有意滯留在後，悄悄地對一旁相送的李時敏先生說，可否請香港的裁縫給蔣介石做一件與布瑞南督察同樣的大氅。在得到肯定的回答後，陳潔如非常高興，並將聯繫方式告訴了李時敏。

蔣介石回廣州後不久，恰逢俄國派越飛訪華。孫中山與越飛進行了秘密會談，最後達成協議，卽著名的《孫、越宣言》。按照協議內容，孫中山將組織考察團赴俄羅斯考察。這一美差最終幸運地落到了蔣介石頭上。孫中山指派他爲考察團團長。蔣介石突然間春風得意，積極作遠行準備。

陳潔如知道這次蘇俄之行是中山先生對蔣介石的信任，也是蔣介石政治生涯中的一次重要經歷。她在幫蔣介石打理行李時，心裡一直惦記著一件事，即在香港對李時敏先生請託的事。還有幾天就要出發了，會不會來不及呢？幸好郵差即時將一個香港寄來的郵包，送到廣州蔣陳居住的旅館來。陳潔如一見香港郵包，頓時眼睛爲之一亮，迫不及待地拆開來看。果然郵包裡裝的正是陳潔如爲蔣介石偷偷訂做的那件黑色大披風。

陳潔如仔細打量，大披風是黑呢材質，襯裡用深灰色綢緞，領子鑲有絲絨邊，做工極爲考究。她十分開心，也很滿意。畢竟這是她精心設計的要給蔣介石的一個驚喜。

當晚，蔣介石從辦公室回到旅館。他一眼就看見放在臥室床上的那件黑色大氅，顯得非常的驚奇和開心。陳潔如隨即將大氅披在蔣介石的身上。只見蔣介石在房間內一會兒大搖大擺、神氣活現地走來走去；一會兒對著鏡子，擺好姿勢，照了又照。好一會，他才想起來問陳潔如：「這大氅是哪來的？」知道是愛妻潔如爲他訂做的，十分感動，陳潔如問蔣介石是否喜歡？「喜歡，喜歡，太喜歡了！」蔣介石快樂的像個孩子。

陳潔如從未見過他僅僅爲了一件衣服就如此喜形於色。開心之餘，蔣介石轉身對著陳潔如說：「謝謝你！任何時候只要我披上它，你就可以知道我正在想你。」蔣介石這番話令陳潔如十分窩心，沒想到蔣介石如此喜歡這件大氅，並賦予它愛的意義。

數日後，蔣介石率考察團啟程赴俄羅斯。分別的幾天裡，蔣介石頻頻給陳潔如寫信，信裡總是提到那件大披風：

「我最親愛的妻，我已將抵達莫斯科，這裡的海關非常嚴格，我的行李都被徹底檢查。令我最驚訝的是這裡的歐洲風情，諸事都與亞洲不同。我將往訪彼得格勒，然後返回此間。並將參觀各種組織，研究他們的情況，還要拜會若干與中國有關係的人員。我很引以爲憾的是列寧病得很重，事實上，他已陷入昏迷狀態，訪客不得晉見。我眞想假如此行你能一路陪我多麼好。

附上兩張照片，請注意，我身上穿的是你給我的那件披風，那就是說，我正在想念你！熱愛你的介石」。

十天後，蔣介石又給陳潔如寫信，開頭便是：「我最親愛的妻：附奉在莫斯科拍的幾張照片，你會高興看見我穿著那件披風，其意義就是我愛你。」

以後，蔣介石只要給陳潔如寫信，總是禁不住地提到大氅，提到對陳潔如的思慕愛意。由此可見蔣介石對這件訂做於香港的大氅是如何鍾愛。事實上從此以後，這件黑色大氅幾乎成了蔣介石的特殊標記，在許多重要場合，他總是要披上它，留下影像。

大披風見證了當時蔣介石與陳潔如的一段濃情密意。不知道蔣介石後來每次披上大披風，是否眞的會憶起溫柔貼心的潔如，而身旁的宋美齡大概也不會知道大披風隱含的意義，否則一定會扯下它吧！對於陳潔如來說，雖然披風依舊，往事也只能追憶了。

第九幕

蔣經國家鄉啟蒙，到上海投入學潮

溪口清末隸屬於禽孝鄉，一九二八年改爲溪口鄉，後又改爲溪口鎮。溪口鎮全鎮九百餘戶人家，蔣姓佔了五百多戶，是大姓。這是一個景色清幽，居民世代務農，勤勉純樸的小村莊，即使天朝局勢動盪，皇帝換了幾個，最後一個登基的皇帝老爺是年僅三歲的傅儀，帝國已經搖搖欲墜，但這裡的村民還是只求溫飽，過好自己的日子爲要緊。若不是蔣介石剪了髮辮，去東洋讀軍校、搞革命，溪口鎮上的人對外面世界的波濤洶湧，眞的沒有什麼感覺。

倒是一九一〇年農曆春暖花開的三月天，蔣家豐鎬房誕生一個結實男孩兒建豐（學名蔣經國），引起村民的騷動還多一些。宗親族人紛紛送來賀禮，祖母王采玉也辦了幾

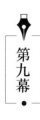

次宴席答禮。建豐的父親還在日本讀軍事學校，直到隔年夏天才回來見到自己的兒子，所謂不孝有三，無後爲大，蔣介石此時應該非常高興自己終於有後了。

不管蔣介石自己的行爲德行，對毛福梅感情如何，他對經國的教育是很重視的。經國五歲多就在家鄉接受啟蒙教育，一九一六年三月，小經國遵節隨俗，穿一身棉布褂兒向孔子和祖家牌位，規規矩矩地行過三跪九叩禮，也正式拜當地的周老夫子爲師，開始他人生一段「之乎者也」的歷程。

隔年蔣介石又安排經國跟自己的老師顧清廉，以及王歐聲等學習，接受了傳統私塾教育，顧清廉對經國的評價是「天資雖不甚高，然頗好誦讀」，可以想像小經國穿著棉布長衫，搖頭晃腦大聲誦讀「子曰學而時習之……」的模樣。

經國後來自己常說：「父親對我們兄弟的教育，是非常嚴格和認眞的，不管在家、在外，都是經常來信指示我們寫字、讀書和做事、做人的道理」。蔣介石對兒子的期望，固然隨環境的變遷，作適時的修正，但基本的方針和目標是不變的，那就是悉心培養，照他規劃好的型模鑄造。

在〈我所受的庭訓〉一文中，經國也有很詳盡的描述：「父親指示我讀書，最主要的是《四書》，尤其是《孟子》，對於《曾文正公家書》，也甚爲重視。」這也難怪，蔣介石童年，就是這樣造就出來的。他進一步對經國解釋讀古書的作用時說：「你中文，如能讀懂一部《四書》的意義，又能熟讀一冊左孟莊騷菁華，則以後作文就能自在了。」一九三七年蔣經國從蘇聯回國之後，他的日記裡提到，父親蔣介石仍然提醒他重新讀《孟子》和《曾文正公全集》呢。

啟蒙教育直到十一歲左右，經國在父親耳提面命之下，成天抱著經書苦讀，蔣介石因此對兩個兒子的少時評語說：「經兒可教，緯兒可愛」，但經國眞的讀懂多少經書裡齊家治國的大道理？還是一知半解，苦悶比較多？一九二二年三月，父親要他去上海讀新式學校，經國考上萬竹小學四年級，終於要離開家鄉了，雖然遠離母親心裡難過，但是繁華的上海確實吸引著他，經國好像飛出鳥籠一般的快活！精神、視野都爲之豁然開朗。

足資查考的紀錄有，經國在上海求學的過程中，一九二二年仍在萬竹學校，這年且在學校運動會裡得了亞軍。第二年進入浦東中學就讀，經國的活力在上海新世界似乎慢慢爆發了出來！

一九二五年他竟參與了兩件震驚中外的學潮，當時年輕浪漫的蔣經國，也熱情澎湃上街遊行。其一是史上知名的「五卅慘案」，一九二五年五月，上海爆發了驚天動地的反英、反日大罷工。起因是五月十五日，上海日本紗廠殺了一位工人顧正紅，於是五月卅日上海工人和學生聯合在租界舉行盛大的示威遊行。遊行時，部分工人、學生又遭到英租界巡捕的殺害，愛國志士的鮮血觸發起全國人民的憤怒，上海的工人舉行了總罷工，學生舉行了總罷課，商人舉行了總罷市，釀成歷史上的「五卅」慘案。「經國和其他很多愛國青年一樣，堅決地站在反帝國主義這一邊，是遊行示威的成員之一」。[1]從歷史的角度看，這是經國從溪口鄉下到十里洋場上海，思想行動起了重大變化的關鍵時期。經國的愛國行為，固然得到同學師長的讚許，但學校當局的保守派卻認定，這個年輕人有造反的傾向，而給他一個重大的懲罰「該生行為不軌」當即開除。於是在這年的六、七月，他帶著滿腔憤怒告別上海，在父親安排下去了北平，進入吳稚暉創辦的外語學校。比較特別的是，經國這次「造反」行動，跟父親年輕時帶頭跟學校抗爭何其相似，所以資料上看不到蔣介石對經國的嚴詞責備，也未曾訓令他不得再犯。

1 見江南著《蔣經國傳》。

父親送他到吳敬恆的學校，大概是要吳好好關照一下，免得又出了上海那樣的事情來。不過，經國這個熱血少年已非池中之物，吳稚暉也沒有辦法約束這位世侄了。

經國政治嗅覺越來越敏銳，對學運熱情無法忘懷，不久卽加入當地學生發動的反北洋軍閥政府示威遊行，代表學校當局的吳伯伯，自然不會給他開除懲罰，但軍閥當局卻冷峻地執法如山，把少年蔣經國判處了兩個星期的監禁。此時經國十五歲，大約是高一學生，生平第一次因參加示威遊行，坐了軍頭兩星期黑牢，對他的衝擊不可謂不大，兩星期禁閉獨處，在這個青少年的腦海裡種下什麼種子呢？

原來他在北平一邊學俄語，一邊已在爲赴蘇聯留學作準備。當吳稚暉得知他準備赴蘇時極力勸阻。

吳問經國：「你到俄國去幹什麼？」

經國答：「革命去！」

吳又問：「革命就是造反，難道你不怕嗎？」

經國回答說：「不怕！」

吳又說：「革命不是那麼簡單的吧！你再去考慮一下。」

兩周後，蔣經國告訴吳稚暉伯父，留蘇意志堅定，吳亦無奈。與此同時蔣經國已經寫信給蔣介石，要求父親支持他赴蘇留學。[2]後經上海姆媽陳潔如的敲邊鼓，蔣經國終於如願以償，得以前往莫斯科。

2　見徐浩然著《蔣經國張亞若在贛南的日子》。

第十幕

萬里長征莫斯科

二十世紀初，從中國到莫斯科的走法，有三條路線。一、從哈爾濱，轉中東鐵路，但滿洲爲張作霖控制，安全有顧慮。二、轉道歐洲去莫斯科，路途太遠且旅費太貴。三、從上海搭蘇聯貨輪，到海參崴市，改搭火車走陸路，穿越冰凍的西伯利亞到莫斯科。

蔣經國和第一批二十幾位同學，選擇第三條路線，於是一九二五年十月十九日，從廣州搭上一艘俄輪，經過三夜的航行抵達上海，計畫從上海再搭蘇聯貨輪前往海參崴。在上海藉候船之時，還和母親毛福梅作短暫團聚，淚眼告別。

貨輪來到海參崴，十月、十一月海參崴已經是冰封的城市，等待數日，這群年輕孩子終於搭上前往莫斯科的鐵路，這條橫越西伯利亞的鐵路全長九二八八公里，是世界上最長的鐵路幹線，但車廂內十分簡陋，雖然每人分配到自己的床位，卻是雙層的硬舖，車外冰天雪地，冷空氣不斷鑽進來，人人凍得抖顫不已，車內竟無取暖設備。因缺乏原煤，車頭引擎的動力依靠木材，行駛緩慢，更逢站必停，車上也沒有餐車，沒有飲水，要等停站時供應。

這群離家少年，面對的是酷寒的萬里征途，但是在高昂的情緒下，他們似乎不畏懼這長達半個多月的顛簸旅程，車窗外漫天飛雪，但透過小窗戶，夜裡時而可以看見星星、月亮掛在湛藍的天空裡。

這趟路途非常辛苦，往浪漫點想，這或許和我們在六〇年代電影《齊瓦哥醫生》裡所看到的畫面一樣（故事的背景恰巧是蘇聯一九〇五年至一九二一年的動蕩時代），冰天雪地裡，白色森林一直往後退，火車持續向前行，寒愴裡隱約夾雜著對未來的憧憬和希望。

同行的蔣經國同學毛以亨在《俄蒙回憶錄》裡，描述沿路的風景則寫得十分生動而細膩：「火車自海參崴出發，因爲路線彎曲，地勢高低不平，以故車行甚緩，第三天才到赤塔，這是西伯利亞的東部重鎮，爲原日遠東政府首府。縱貫東三省的中東鐵路在此接軌。這仿佛一把利劍，當胸插入我國東北的心臟，而刀柄就在這赤塔！

赤塔西行第三天的早上，遠遠望見貝加爾湖綠波蕩漾，水天一色。晌午始近湖濱，接連穿過幾十個山洞，山洞都是在湖濱岩石之下開整而成的。隧道雖大，但都很短，車行其中，一如遊龍穿洞，婉蜒曲折，景緻絕佳。吾人身在車中，乍明乍暗，亦生情趣。湖的南端，火車靠站，大家一擁而下，爭相欣賞這世界第一深水的內陸大湖。一片汪洋，如臨大海，唯一可資憑弔的，就是兀立湖濱的一座小神龕，用火磚砌成，不過數尺見方，龕內空無一物，據說這就是當年蘇武牧羊北海時棲身的所在。除此可供留戀之外，其他實無可觀。伊爾庫次克以西，東方色彩，亦逐漸淡薄而趨於消失。這城是西伯利亞的首府，爲既往總督駐節地。其規模之大，工業之盛，在當時的西伯利亞區，實首屈一指。這從車站建築之宏偉及工廠煙囪之林立情況下，亦可窺知一二。但時勢推移，不久之後，這種優勢，又爲其他新興城市所取代了。俄境內有幾座大橋，其中以伏爾加（舊稱窩瓦河）大橋爲最長。橋的兩端及中間橋墩上，都站有士兵，五步一崗，十步一哨，戒備甚爲嚴密。火車過橋，必將窗門關閉，不准窺視。僅可從時間上推知其長度而已。漫長的旅程，終於在一天的下午，到達終點——莫斯科。若自廣州出發之日算起，沿途連行帶住，大約是一個月光景」。

抵達莫斯科孫逸仙大學，它是一座不起眼的方形建築物，俄羅斯人幾乎不知道這裡隱藏著一個學校。一進校門，學校已經準備好他們的飯票、電車票、理髮票……等等，還爲他們取了俄語名字，蔣經國的名字叫「尼古拉・維拉迪米洛維奇・伊利扎洛夫」（Nikolai Vladimirovich Elizarov），尼古拉這個古怪的名字代替了建豐和經國，只是沒料到，「尼古拉」一用就十二年，直到一九三七年他回到中國，才恢復使用蔣經國。

名義上孫大爲紀念孫逸仙而設，目的爲中國革命培養幹部。全部課程中卻沒有半個鐘點涉獵到三民主義。造就的幹部，亦以訓練共產黨人爲標的[1]。後來成爲著名的共產黨領袖的，計有鄧小平、廖承志、林祖涵、烏蘭夫等，曾經做到中共國家副主席的烏蘭夫和蔣經國且是坐同一張桌子的「孫大同學」。

孫大開學之後的第三個星期，開學典禮那天「紅軍之父」托洛斯基親臨主持，地點假工會的大廈舉行，禮堂正中間，孫中山、列寧的畫像並列，托洛斯基能言善道，手舞足蹈，他那富煽動性的言辭，打動台下無數學生。經國的感覺特別與衆不同，因

1　見江南著《蔣經國傳》。

爲蔣介石一九二三年受孫中山指派，帶團訪問蘇聯建設時，遇到的正是這位軍事天才。經國對托的衷心折服，和他日後變成托派——托洛斯基的追隨者，可能正是由此開端。

革命後的蘇聯物質生活非常艱難，但出於目的性對中國留學生出奇的慷慨。剛開始時，一日甚至提供五餐，後改爲三餐，麵包黑白兼備，取之不盡。牛奶肉類綽綽有餘，以早餐爲例，蛋、麵包、牛油、牛奶、香腸、紅茶，一應俱全。生活津貼每月二十盧布，一般多花在菸、酒和中國飯上。這段時間經國和同學們享受到權貴級的關照。

共產黨一切爲政治服務，把國民黨人改變爲共產黨員，是最重要的任務。經國是國民黨要員的子弟，他能走在群衆前面，對中國國民黨旅莫同學，有示範作用和非凡的功效。加上經國的信仰堅定，孫大黨組織於一九二五年十二月，他抵達赤都的第八個星期，以火箭速度，批准他加入共產主義青年團的請求。由共青團，後來再升爲預備黨員，等於是開過戒的出家人，很多同學爲之欽羨不已。[2]

蔣經國還多次被推薦爲中山大學的學生代表出席各種集會，發表演說，備受矚目。然而，正當蔣經國在蘇聯奮發向上之際，國內形勢卻發生了突變。一九二七年，蔣介石公開「背叛」革命，對著地下黨員、工人糾察隊開槍，爆發了震驚中外的四一二政變。

中山大學的中國留學生聞此訊息，群情嘩然，一致通過致武漢革命政府的電文，要求嚴懲革命的叛徒、帝國主義的幫兇蔣介石。[3]

這時蔣介石之子，身爲蘇共「共青團」團員的蔣經國，會採取什麼行動呢？

根據徐浩然著作描述，蔣經國加入批鬥行列，「其中聲討最爲激烈的便是蔣經國，他在聲討大會慷慨陳詞，我今天不是作爲蔣介石的兒子，而是作爲共產主義青年團的兒子來講話……，蔣介石作爲一個革命者，他已經死了，他已經走向了反革命。蔣介石是我的父親，曾經也是我的革命朋友。現在他反革命了，反革命就是我們的敵人。以後他是他，我是我，我仍跟著革命走」。

很快蘇聯的各大報刊上登出蔣經國的公開聲明，這時的蔣經國應該是出于至誠，而非違心之論，在蘇聯這幾年的留學改造，他的思想也默默起了變化！

蔣經國的「反蔣聲明」經塔斯社全文播發後，一時間他成了衆所矚目的新聞人物。曾與蔣經國同時留蘇的中山大學同學盛岳回憶，「聲明公布後，我們不論去哪裡，人見人問：『蔣介石的兒子在哪兒？』一夜之間，他成了知名人物。可是，對我們這一群沒有著名父親的人，價值直線下降」。

2　同註1。

3　見徐浩然著《蔣經國章亞若在贛南的日子》。

一九二七年夏天，第三國際東方部眼看大勢已去，遣返了部分國民黨籍的學生，但後來在鮑羅廷的建議下，留下一大部分學生，而蔣經國不但未在遣返名單裡，蘇共反而另眼相待的送他到「紅軍托瑪可軍政學校」深造。這裡是訓練正規軍的地點，是紅軍訓練指揮官的學府。

對於善於權謀鬥爭的史達林而言，留下蔣經國是一顆棋子，將來和蔣介石打交道時，一定派得上用場！因爲史達林這一念，讓蔣經國在蘇聯多了十年顛沛流離的勞動改造生活。他的命運繫於中蘇關係的沉浮，而在中國做決策的蔣介石並不會顧慮到兒子的處境。一九二七年之後，毛福梅也逐漸失去蔣經國的來信，後來竟至音訊全無，可以說十年生死兩茫茫，每逢過年時，福梅就在圍爐桌上多擺上一付碗筷，淚眼望穿，期盼經兒早日歸來。

托瑪可軍政學校在列寧格勒的尼羅河畔，有濃厚歐洲的建築色彩，古色古香，但經國在這個古都停留不久，他努力攻讀，成績斐然。其研究重點爲游擊戰術，且寫成出色的研究報告，因而受到蘇聯黨政機構的重視，吸收他爲預備黨員。蔣經國憑藉著「游擊戰術」爲題的畢業論文，以全班第一的學業成績畢業。他的個人檔案形容他爲學院中最優秀的學生。[4]畢業後，他向當局請求返國，被拒絕，於是他回到莫斯科，不久卻因爲身患糖尿病而住院，一說蔣經國愛上喝伏特加酒，有時喝得很兇，這加劇了他糖尿病的病情。

而據哥倫比亞大學《民國人名大辭典》記載，蔣經國已經有倦鳥知返的情緒，希望蘇聯當局允許他回國，第三國際拒其所請。他再度要求分發到紅軍工作，這個請求也落空了。這時的蔣經國應該知道他已經不是一般的留學生，因爲父親是中國的領導人，他已經不幸落入虎口，成爲蘇聯共產黨的人質，史達林手中的一張王牌。

4 見馬克．奧尼爾著《蔣經國的俄國妻子——蔣方良》。

第十一幕

蘇聯十年勞改滄桑

在史達林與托洛斯基的鬥爭中，孫中山大學也捲入蘇聯黨爭的漩渦裡，同情托洛斯基的「孫大」校長狄拉那遭到整肅，波及近百個孫大中國學生，被送進集中營監禁勞改，部分發配到西伯利亞充當淘金工人。蔣經國因爲是史達林棋子的角色，暫時沒有發配。一九二八年六月到列寧大學擔任助理，負責帶列大的中國學生在蘇聯境內參觀，這時經國俄語已經很流利，對這個工作勝任愉快。

但到了十月間，蘇聯當局就決定對他進行「勞改」，分配他到狄拿馬電氣當學徒，開始眞正體驗蘇聯的勞工生活。狄拿馬電氣工廠設在莫斯科城外，宿舍卻在莫斯科市中心。上工要擠電車，好不容易擠上去，車中擠得動都不能動。淸晨他要憑票領麵包，有時候缺貨領不到，就得餓肚子。平時一早上工要在社會主義的競賽空氣下參加競賽。吃完午飯，要參加工人俱樂部的政治談話，晚上要到工程夜校去上課，回到市區的住處已經是半夜十二點，街坊麵包店多半關門，領不到麵包又要餓肚子過夜了。

經過如此惡劣環境下的勞動體驗，原本對蘇聯共產黨的美麗夢想，和生活面接觸到的醜惡匱乏現實，在經國的思想裡不斷的產生矛盾衝突。

根據哥大《民國人名大辭典》的說法，蔣經國在一次會議中，還跟中共駐莫斯科代表王明（即陳紹禹）起衝突，因對王明的攻擊，王予以報復，第三國際認為蔣犯了錯誤，需要接受黨的改造教育，也就是必須進行懲處。

王有權有勢，挾洋自重，他建議把蔣經國送到西伯利亞的阿爾泰金礦去鍛鍊反省。經國不服，向蘇聯黨政機關申訴，蘇共名義上顧念他身體太壞，骨子裡恐怕是史達林害怕失掉這顆好用的棋子，因此改派他到莫斯科郊區一個最落伍的農莊，插隊做農民去了。

經國來到落後貧瘠的石可夫農場，發現鄉下的農民百姓也是很排外的，而且瞧不起他這個亞洲黃種人，到了晚上竟然沒有一家人肯借他一個小床舖睡覺，他只好躲進一個教堂的車庫裡，寒冷的深夜，連一床棉被也沒有，忍凍挨餓到天明。忍耐，恐怕是經國唯一的武器，迫不得已，把自己的情緒、驕傲，隱藏起來，用行動表現出對農民朋友的善意。

蔣經國在其所著《我在蘇聯的生活》中，記下這一段剛到農場的遭遇：

「第二天，一早就到農場去，農民講許多話來譏笑我。可是，我很客氣的對他們說：『早安！』後來有一個老農民對我說：『你應該與我們共同耕田！』我說：好！他們就給了我一隻馬，及其它的農具，開始我以爲耕田是一件很困難的事，可是後來感覺到並不十分困難，惟須多用體力罷了！

耕田到晚上，身體已很疲倦。回到教堂的車房中，渾身疼痛，倒頭就睡。睡到半夜，一個六十八歲的老婦人沙弗亞，起了些同情心，把我叫醒說『朋友！這不是睡覺的地方，到我的草屋裡去睡吧！』十分感謝，我慈愛的老朋友！不過我今天很疲倦了，明天我來！『你用不著怕我，在這兒睡覺是會生病的！我住的雖是茅屋，可是要此這裡好得多，一同去罷！』」

經國在農場憑著努力、毅力和誠意，贏得農民朋友和領導的信任，加上他的學識，使得他的處境好轉，得以免於勞力之苦，不用再耕種了。經國改為專職為農民接洽土地貸款，和協助購置農具等任務，還當選了農村蘇維埃的主席。

蘇維埃農民其實也是純樸善良的，當蔣經國勞改期滿，要離開石可夫農場時，當地農民流露出的真摯情感和送別的場面，相當生動感人。經國自己寫道：「草屋門外面的人，漸漸的多起來了。當我吃早飯的時候，農場好友斯客洛平走進來對我說：『全村農民都來歡送你了！我們要開一個露天歡送大會。』我就走出門外，看他們手中有的拿著蘋果，有的拿著雞鴨，斯客洛平宣佈開會並致歡送詞。」

離開當時，經國的行李祇有一隻破小箱，箱子裡裝著兩身襯衣褲，和一雙已經補了十多次的破襪子，三、四個月沒有用過一次肥皂，比起村裡的農友來，他才真算徹頭徹尾的無產階級了。

要離開已經適應的石可夫農場，不確定的下一站在哪裡？使得經國再度感到孤單和迷惘，尤其是要告別農場裡沙弗亞老婦人，因為她，經國在蘇聯首度感受到母性的溫暖，如果沒有沙弗亞，當時就沒有人收容一個睡在車庫裡的異鄉人。經國對於沙弗亞老婦人十分感恩並念念不忘，第二年夏天還重回石可夫探望她，不料兩個月前沙弗亞竟孤苦的病逝了，經國買了一束鮮花到墳前祭弔，忍不住大哭一場，莫斯科的母親逝世了，何時可以回到溪口探望已經分別七、八年的親娘？

離開農場，爲了三餐經國一度在小火車站擔任搬運工人，認識了小彼得等四個勞動朋友，一九三三年，已經離開中國八年了，歸期仍然遙遙無期，到了春天，經國決定去阿爾泰金礦場，他說「爲了追求眞理，爲了爭氣做人，不得不離開這四位好友，到別的地方去工作」。

不料身體單薄的經國，出發前卻重病不起，他覺得自己病得快要死了，「睡在小火車站的燒水房裡，彼得等四個青年圍著我，兩個摸著我的手，一個摸著我的頭，另外一個動也不動地站在我身邊，他們都知道我的病是非常危險的，大家都想救我幫助我！但是沒有錢，誰也沒有辦法，因爲我們五個人都是靠氣力生活的，而這幾天天氣特別冷，火車站上的貨物不能搬運，所以一個錢都賺不到。

他們在這個無可奈何的時候，四個人圍著我，唱我喜歡的歌給我聽，想安慰我的心靈」。[1]

1　見江南著《蔣經國傳》。

那首歌詞是：

我死了，我死了！
總會有一個人把我埋葬起來，
可是誰也不會曉得我的墳墓在那裡，
到了明年春天，
祇有黃鶯會飛到我的墳上來，
唱美麗的歌給我聽，
但是唱完了，牠又要飛走的……

這首歌是蘇聯一支古老民謠，被勞苦的人民持續傳唱著，歌詞雋永，調子卻悽惋，經國觸景生情，使他想起生死的問題，也想念著故鄉的種種。病癒後他和同伴們告別，私下留一張頗有哲思的字條：「山和山是永遠遇不到的，人同人總是有遇到的機會，祝兄弟們健康。」字條壓在一塊黑麵包下面。經國背起包袱，邁步離開車站，刺寒的空氣迎面襲來，他攀越高山，踏著林間厚厚積雪，獨自走過六十公里長的大森林，來到阿爾泰金礦場，開始吃重的淘金、挑柴的勞動生活。

幸而在阿爾泰金礦停留的時間只有半年多，一九三三年底又重回原來的小火車站，改到車站附近的烏拉重機械工廠（Ural Heavey Machinery Plant）揹鐵條、修馬路、抬機器。工作認眞的蔣經國，很快就由技工升爲技師。

在工廠裡，他重逢小彼得，就是小火車站裡四個朋友中的一個，曾經在病中爲他唱古老民謠，兩人見面分外親熱，而其他三個人，一個離世了，兩個到南方煤油礦去做工。和小彼得的感情是患難之交，超過手足。可惜後來小彼得因爲火災遇難，經國買了棺材，把他埋葬在松樹林裡，親自爲他做了墳，立了碑，希望有人知道彼得在這裡：

「我死了，我死了！
總會有一個人把我埋葬起來，
親愛的朋友，小彼得的墳墓在這裡……」

經國在異鄉動亂的年代，也嘗盡了生離死別的滋味。

蔣經國拿出他勤奮的工作態度和領袖才華，在烏拉重機場職位節節高升，代表管理當局參加了廠內工資衝突委員會的工作，和工人職工會代表一起解決工資問題，被任命爲工人航空學校招生委員會的主席，爲工廠寫「改良工廠生產組織建議書」，在黨內參加支部書記工作，爲五年經濟計劃的推動，鼓足幹勁，力爭上游。翌年，升爲副廠長，兼工廠報紙的主編，事業相當得意。在這個順風順水的時候，他在一個月黑風高的寒冷夜晚，從惡棍手裡救了一名俄羅斯少女，意外的千里姻緣一線牽。這位俄羅斯少女叫做芬娜，跟隨蔣經國回到中國之後，中文名字叫做蔣方良。

第十二幕

遇見俄羅斯姑娘芬娜

一九一六年五月十五日在白俄羅斯東部一個古老的小城奧爾沙（Orsha），誕生了芬娜·伊巴提娃·瓦哈瑞娃（Faina Ipatevna Vakhreva），星座顯示她是一個堅強、自信、活潑的金牛座女娃。芬娜的父親是一名鐵道架線工人，他在貧窮追逐的日子裡，出生了家裡的第二個女兒，內心還是很歡喜的。奧爾沙位於維捷布斯克（Vitbsk）地區、聶伯河（Dnieper）和奧什察河（Arshytsa）的交匯處，是俄羅斯最古老的城鎮之一，其歷史已超過一千一百年，芬娜兒時就在那裡渡過。十六、十七世紀，這裡是無數戰爭的殺戮場，一而再地被戰火摧毀，十八世紀，這裡也是著名的宗教信仰中心，衆多東正教、基督新教、天主教的教會和宗派分布其中，芬娜一家所信奉的，正是俄羅斯東正教。

十九世紀下半葉，奧爾沙已發展成一國重要的交通運輸樞紐，公路鐵路縱橫交錯，河船穿梭往返。到了二十世紀初，這裡的廠家生產亞麻、皮革、磚塊、啤酒等，也出現了機械廠和鐵工廠。[1]芬娜一家熬過了一段艱辛的歲月，大約在一九二一年，芬娜五歲左右，他們舉家離開奧爾沙，遷居到奧爾沙以東兩千三百公里、相對安全的葉卡捷琳堡。不幸的是，貧病交迫的雙親在芬娜童年時就去世，靠著大她十幾歲的姊姊安娜身兼母職，把芬娜帶大。姊姊安娜是一位銑床機械師，負責生產小型零部件。她住在工廠分配的宿舍，生活艱苦，沒有親戚照應，兩姊妹緊緊相依爲命。

一九一七～一九二二年的蘇聯內戰期間，人民生活條件逐漸惡化，滿街都是乞丐和餓得半死的人，芬娜在姊姊照顧下幸而度過戰亂平安長大，一九二九年十三、四歲的芬娜幸運的到「烏拉爾重機」下設的一家技術學校就讀，三年後畢業，順利到國營的烏拉爾重機工廠工作。

芬娜的朋友塔蒂亞娜日後回憶說，芬娜在姊姊的照顧下，克服了一個孤女自怨自艾的心態，成長爲一個活潑、熱情的漂亮女孩。她喜歡和朋友溜冰、游泳和騎腳踏車到處逛。在烏拉爾重機廠，獲准加入了共產主義青年團，這時追求她的人可不少。

1　見：馬克・奧尼爾著《蔣經國的俄國妻子——蔣方良》。

一九三三年一個寒風徹骨的冬夜，芬娜剛下班徒步走回家，她縮著脖子快步走著，一個魁梧的俄羅斯男子走過來擠到她身旁，不斷靠近騷擾她，意圖不軌。芬娜無法甩開這個惡劣的男人，正在著急，所幸同樣在工廠工作到深夜的尼古拉出現了，尼古拉是她的長官，一個來自中國的青年，芬娜以眼神跟他求救。「這個中國年輕人見狀毫不考慮，一個箭步上前，要阻止大漢的魯莽行動，但是對方看見來者是一個個子不高，似乎不是很健壯的黃種人，一點也不以爲意，沒有想到，年輕人動作迅速，一拳就打在大漢的身上，沒兩下子就把大漢撂倒」。[2]

這個發生在西伯利亞寒夜山區的故事，並不是杜撰的電影情節，尼古拉正是當時救下芬娜的蔣經國，他正義而勇敢，演出英雄救美的情節，而擄獲少女芬娜的芳心。

來自白俄羅斯的芬娜姑娘當時只有十七歲，比英雄救美的中國青年蔣經國小六歲，在蔣經國眼中，芬娜漂亮而開朗，擁有金色的頭髮和碧藍色的眼睛，芬娜則被蔣的熱情、活潑和外向所吸引。她後來說，尼古拉總是笑著的，作爲烏拉爾重機唯一的外國人，又是副廠長，尼古拉成爲烏拉爾重機的一名小紅人。

當時蔣經國已經說著一口流利的俄語，藉由他的專業技能和臉上隨和的笑容，讓他跟同事們打成一片，不久就贏得上級和同事的信任和友誼，顯然他的膚色和國籍並未構成什麼障礙。蔣經國也就是尼古拉，在聚會中，年輕的他喜歡喝伏特加和熱情的跳舞，很受歡迎。經過英雄救美事件之後，蔣經國向芬娜展開追求。而愛情發展順利的原因是，芬娜和年輕時期的蔣經國相似，都是外向、熱情、活潑。兩人都愛騎單車、游泳、滑冰和到戶外活動；同時熱衷於參與共青團裡的活動。這對異鄉情侶墜入愛河，彼此找到溫暖，在貧窮動盪的時代裡相互扶持著。

來自遙遠國度的蔣經國，過去生病時，總是孤苦一人掙扎，現在有了芬娜，芬娜細心照顧他，情意綿綿。蔣經國在《我在蘇聯的生活》裡提到：「我在烏拉重型機器廠那幾年，芬娜是我唯一的朋友，也是我的部屬，她最瞭解我的處境，每逢我遇到困難，她總會表示同情並加以援手」。

經國來到烏拉爾重機廠，幸運的得到芬娜的愛情，位居主管月薪又有七百盧布，困苦的往事似乎漸漸褪色，那咀嚼冷凍黑麵包的日子，那火車站角落裡裹著毛毯顫抖的寒夜，那個使人憂傷的沙弗亞老婦人的面龐，都溫柔的退去了。

一九三五年單身的蔣經國想和芬娜正式結成眷屬，因爲同屬共青團組織裡的成

2　見王美玉著《蔣方良傳——淒美榮耀異鄉路》。

員，於是一經申請，蘇聯黨政機構便欣然同意了！三月，在悠揚的國際歌聲中，一對異國情侶結下白首之盟。見證婚禮的包括芬娜的姊姊和姐夫，「烏拉爾重機」共青團主席費奧多夫婦，以及廠裡的另一位同事，還有同期留蘇，後來曾在台灣擔任立委的王新衡。同年十二月，芬娜生下長子艾倫，回國後爺爺蔣介石為他取名蔣孝文。

這年除夕，因為有了一個兒子，夫妻心情特別開心，約了朋友聚餐過年，認眞慶祝。蔣經國在《我在蘇聯的生活》裡記述道：「今天工廠管理處請客，到會的共有一千人，會場中佈置得非常華麗。桌上豐裕的酒席，使人回想到三、四年前的飢餓的狀況，所以今天特別高興。十二點半我就離開宴會回家，因為今夜我在家中亦約了八個朋友聚餐過年。同時二星期前生了一個兒子，因為工作忙，所以還沒有請過客，決定於今天舉行一個小宴會。這八位是我工廠中最要好的朋友，和他們一直談到四點鐘。客人走了，我久久不能入睡……。」

然而即使娶了一個俄國妻子，國家安全部的秘密警察仍不停地監視蔣經國。中共的代表陳紹禹（王明）更從不忘記他們之間的私人恩怨，不時召經國回莫斯科盤問，回答那些查無實據的指控。「一九三五年經國再度應召，陳告訴他：『中國方面，謠言四佈，說你已被捕，你應該寫封信給你母親，說你在工作，完全自由。』在陳的壓力下，經過四天的反覆爭論，經國終於同意此一要求，幻想著蘇共當局也許會以同意他回國作爲交換條件。」[3]

信發表於列寧格勒《眞理報》，日期是一九三六年一月，內容再度嚴詞抨擊他的父親蔣介石，並表示願意和母親毛福梅在任何第三國見面。蔣介石懷疑兒子眞的變成共產黨人了？還是史達林惡意要使他難堪？這幾年經國音信全無，這封公開信唯一的好消息是——他還活著！

公開寫信給母親事件之後，蔣經國再度修書一封給史達林，請求批准他回國，但是未被理睬，歸國一事再度遙遙無期。

一九三六年夏天，蘇聯內鬥加劇，史達林開始整肅異己。「大清洗」公開審訊在莫斯科進行，政治氣氛快速惡化。所謂「大清洗」，是指最高權力核心對那些被視爲「國家敵人」或「人民敵人」的黨、政、軍官員以及被劃爲富農的民衆，進行毀滅性清洗的運動。據估計，約有三百八十萬人因「反革命罪行」被秘密警察抓走，其中約七十八萬被處死，包括許多蔣經國在當時認識，甚至曾邀請到家中作客的黨員也受迫

3　見江南著《蔣經國傳》。

害，同時不少工程師和技術專家，都被貼上「資產階級專家」的標籤。4

馬克．奧尼爾書上分析，「大清洗」最可怕的是隨意抓人且審判草率，被逮捕的人往往根本不知道自己犯了什麼罪。所謂的「審判」只是走個過場，其實是未審先判——你休想抗辯、上訴無門。作爲一個亞洲人，又是當地爲數不多的外國人之一，在這樣一場政治運動中，蔣經國被盯上變成攻擊目標。

一九三六年九月，蘇共烏拉爾委員會突然通知蔣經國，他在「烏拉爾重機」的職務已被褫奪，蘇共「預備黨員」的身份也被撤銷。在黨的一個會議上，有人指控他是「日本間諜」和「托（托洛斯基）派分子」，這些都是最嚴重的政治指控。蔣經國從未看過支持這些指控的證據，也沒有機會爲自己辯白。既沒有法院可以上訴，也沒有人會伸出援手。

這場惡夢般的大清洗，像飛來橫禍般，讓蔣經國近十二年來的苦幹，在蘇維埃的努力奉獻，一下子付諸流水。他再也不能到工廠上班，沒有每月七百盧布的收入，也不能進入食堂和社交俱樂部。只能待在家裡，靠妻子芬娜上工微薄的薪水養家。整天看書和照顧幼子艾倫。這時他們的朋友都消失了，紛紛躲避他們這個壞分子家庭，夜

4　同註1。

裡經國不能正常入睡，深怕有人可以隨時破門而入，把他帶走。他不知道哪一天是他的最後一天，「大清洗」期間，對蔣經國的指控，足以令他被捕入獄，甚至被處死，那是他此生不能忘卻的經歷。

蔣經國被工作單位辭退之後的半年多時間，是他留蘇後期最艱難的日子。他精神備受打擊，沒有任何收入，生活拮据。幸好，年輕的芬娜能挑起這個重擔，困苦與挨餓都是芬娜早年就經歷過的，所以她堅強不畏懼。那段時期，芬娜和襁褓之中的孝文，是蔣經國的唯一寄託，支撐著蔣經國渡過這場可怕的磨難。

第十三幕・莫斯科，再見！

一九三六年十二月十二日發生在距離莫斯科四千四百公里外，遙遠中國陝西省的「西安事變」如蝴蝶效應一般改變了蔣經國的命運！

十二月十二日當天東北軍少帥張學良和西北軍統帥楊虎城聯合兵變，在陝西臨潼，將蔣介石和他的隨員劫持，要求他停止內戰展開對日抗戰。挾持且控制了蔣介石之後，照當時毛澤東的意思是復仇的時候到了，非把蔣介石趁機剷除不可。

但史達林可不這麼想，他認爲「蔣介石是一個可憎的敵人，但也是中國唯一有希望的抗日領袖，在抗日鬥爭中也許可成爲我們的合作者。」

在蘇聯正面臨大清洗，憂懼萬分的蔣經國也聽到西安事變的消息，他立刻敏感到這是他返國千載難逢的機會，蔣經國寫了一封措辭堅定的信給史達林，表達將返國參與對日作戰的意願，一周後果然被史達林召見。

而西安事變當時，周恩來奉史達林指令，從保安前去西安調停，機警的周恩來發現當他提到蔣經國時，蔣委員長板起的面孔才放鬆下來。

這段在張國燾《我的回憶》中也提到，「西安事變期間，中共代表周恩來曾與蔣介石敍黃埔之誼，蔣介石乘勢詢問蔣經國的下落，周恩來告訴蔣介石，其子蔣經國在蘇聯頗受優待，蔣氏微露思子之意，周卽滿口答應將助他父子團聚。不久周恩來通過中共駐莫斯科的代表，把蔣介石思子之情轉達給史達林」。

史達林基於在中國促使國共合作抗日，統一戰線的迫切需要，以及防止日本攻擊蘇聯的戰略思考，終於釋出手中王牌，同意釋放蔣經國返國。史達林也見到蔣經國請求返國的信件，幾日後接見了蔣經國，對他說：「你雖然在蘇聯已經十二年了，但你是個中國人。你們國家和人民正遭受日本帝國主義的侵略和奴役，你應該回中國去，爲你們的國家和民族的解放而奮鬥」。[1]

一九三七年三月，蔣經國終於打包行李，攜帶妻子芬娜和幼兒艾倫準備返回闊別

1　見張國燾《我的回憶》。

十二年的中國，從這天起飽經滄桑的「尼古拉」將遺留在西伯利亞，踏上中國土地之後他就是備受各方關照禮遇、衆人逢迎擁戴的「蔣太子」！

返國前夕，國民政府駐蘇聯大使蔣廷黼特地舉行了歡送宴會，時任使館秘書的李能梗記下這個場景：「七時半，大家都衣冠整齊的趕到大使官邸，看見蔣大使滿面笑容上前迎接我們，大家既經坐定後，他仍未把晚宴的理由宣告，我們也只好忍耐一些時候，靜待聽取他要我們趕來聚餐的目的。正當我們談得興高采烈的時候，忽然間聽到汽車聲，大家對於開到的汽車聲倒處之泰然，可是蔣大使顯出格外衝動的神態，立刻站起來，邀同他的夫人跑出大門，迎接這輛汽車帶來的客人」。

原來這位貴客就是蔣經國，中國最高將領蔣委員長的公子。蔣大使設宴款待，餐後還有麻雀、橋牌、舞會等娛興節目。此外，蔣大使幫他選了禮物，一組烏拉山黑色大理石製的桌上裝飾品，送給委員長，一件波斯羊皮大衣送給夫人。

根據馬克．奧尼爾的書上寫著，蔣大使還貼心的爲蔣經國準備一套西服，也爲他的夫人芬娜準備了一套優雅長外套和連衣長裙。

蔣經國對自己告別莫斯科的情景，則在三月二十七日的日記裡寫著：「今天我要離開莫斯科了，早晨五時就起床，從我的房間望出去，可以看見克洛母城堡，同我在十二年以前所看見的克洛母，差不多完全一樣，不過幾個教堂頂上的雙頭鷹已經看不見了，現在所能看見的，是由寶石製成的五角星。

現在這一區成了莫斯科中心，在這條街上都是高樓大廈——人民總委員會辦公處，莫斯科大旅館，外國人旅行招待所等。莫斯科的地下鐵道已經通行，車站裝潢的美麗，實在可與皇宮相比。車輛非常舒服。街上的汽車要比十年前增加二十倍。除公共汽車、電車外還有無軌電車。

紅場邊的合作社，現在改造爲列寧博物館，範圍非常宏大。莫斯科的商業非常興旺，新的大商店很多，但是無論什麼時候，商店中的人都非常擁擠。今日領護照、買車票，一直忙到開車，下午二點鐘，在北火車站搭第二號西伯利亞快車離開莫斯科。——蘇聯！再會！」

中蘇交通還是十二年前的老路線，蔣經國一樣搭乘鐵路橫越萬里冰封的西伯利亞，只是這次是反向回家的路。上次搭乘時是十五歲的少年經國，充滿對蘇聯社會主義的夢想，返回的路上已經是二十七歲飽經滄桑的男人，身邊還多了妻兒。往事歷歷，卻近鄉情怯，記得當年行前在廣州和父親以及上海姆媽陳潔如告別，竟一別經年。而日思夜想的溪口老家母親可還安好？更不知父親看到他在蘇聯多次批判自己的文章，是否歡迎他回國？經國懷著忐忑不安的心情沉思著，此時海參崴已經越來越近了……。

芬娜爲丈夫能脫離蘇聯共產黨控制，回到中國回到母親身邊感到欣慰，但火車上看著倒退的冰雪世界，自己卻離家鄉越來越遠，心情起起伏伏。她想著要離開斯維爾德洛夫斯克前往莫斯科時，大家知道他們要遠行了，許多朋友、同事都到斯維爾德洛夫斯克（Sverdlovsk）的火車站送別，天寒地凍中，他們在站台上舉行茶會，大夥跳舞、喝酒，芬娜和姊姊安娜、朋友們相擁而泣，交換祝福。火車急馳著，芬娜知道爲了愛，爲了尼古拉和剛出生不久的兒子艾倫，她遠走他鄉，不知歸期，到一個語言、生活、文化都不一樣的中國。芬娜好像被連根拔起的花朵，要重新種在他鄉一片土壤上。

一九九二年芬娜曾收到一封由前同事兼好友瑪莉亞寄來台灣的信，信中特別緬懷那天送別時的濃情厚意：「你們離開的時候，我們在斯維爾德洛夫斯克火車站送行，那是我們最後一次見面。我們七、八個人來送別，你用毯子裹著艾倫，大家都有點感傷，女的都哭了，男的圍著尼古拉話別。我想，愛情是多麼偉大的力量，爲了愛情，可以離開自己的祖國。」[2]

火車抵達海參崴，國府海參崴駐外使領不敢怠慢這位榮歸的蔣委員長公子，總領事權世恩接到蔣廷黼大使飛電，非但親迎，且花了兩萬盧布的鉅款隆重接待。這讓經國，尤其芬娜感覺到，他們要回去的世界不再是天寒地凍的西伯利亞，而是有溫暖和資源的中國。

從海參崴再搭輪船到上海，蔣緯國奉父親之命前往迎接，從一九二五年在廣州分手，經國十五歲，緯國才九歲，如今兄弟見面，經國已經是二十七歲，緯國也是二十一歲的帥氣青年了。

兄弟倆久別重逢，有說不完的家常。從緯國嘴裡才知道，父親於一九二七年的十二月，和宋美齡結了婚，上海姆媽陳潔如，被安排送到美國留學，避開五年，後重返上海。母親毛福梅和姚夫人仍居奉化鄉間。上海有經國的舊居，以及一些少時讀書的痕跡，但除了租界地更多，並沒有什麼顯著的改變，黃埔江混濁的江水，依舊悠悠地流滾，去國十二年，景色依舊，人事已非，歲月的確改變了很多事情。

2 見王美玉著《蔣方良傳——淒美榮耀異鄉路》。

第十四幕

蔣介石收回兒子，毛福梅苦盡甘來

蔣經國輪船抵達上海不久，據馬克．奧尼爾書中提到，蔣介石私人辦公室的一名秘書和杭州市市長，以及一班保鏢接到小蔣一家人後，便驅車前往上海火車站，坐上開赴杭州的列車。蔣介石沒讓他們前往首都南京，而是讓他們在杭州住了幾天，才過去探望，見面地點安排在總統行邸。多年未見，蔣經國激動的跪在父親跟前磕了三個頭，權當爲蘇聯的言論請罪！父子倆興奮見了面之後，一起下樓，經國正式向父親引見蔣家的兒媳婦芬娜和孫子艾倫。蔣介石非常喜歡他們，尤其有一雙藍眼睛一頭捲髮，像洋娃娃一樣漂亮的小孫子。蔣介石爲他們正式取了名字，芬娜冠夫姓爲蔣方良，艾倫依照蔣家族譜爲孝字輩，取名蔣孝文，蔣介石於是有了長孫。

杭州父子會之後，《紐約時報》引述「接近委員長的消息人士」傳話，指稱「外傳蔣經國是個徹頭徹尾的共產黨員，而且在蘇聯還寫信詬罵父親，這全是俄國人編造的故事」。蔣介石透過媒體放話，表達歡迎兒子返國之意，就這樣把兒子收攏回來了。

經國和芬娜在蔣介石的指示下，先拜見了宋母美齡，蔣經國在蘇聯磨練多年，似乎讓他知道在中國第一家庭政治因素的重要性，即使違背自己先見生母的心願，也和芬娜拜認了這位當勢的宋美齡姆媽。芬娜第一次見到宋美齡，發現自己不只來到一個陌生的國度，眼前這位蔣夫人，漂亮、自信、雍容華貴，穿著高雅的中國旗袍，從她身上似乎顯現了這個家族在中國的權勢和地位。宋美齡膝下無子，看到經國夫妻行禮如儀拜見她，心裡也十分高興，於是慷慨的包了十萬元大紅包給經國，要他去打理一些服飾和生活上欠缺的東西。

一九三七年農曆三月十八日蔣經國生日這天，他攜帶妻兒從杭州出發前往奉化溪口鎮，這條路他在他鄉異國思念過無數次，想著只要踏上這條路，走到路的盡頭就能見到親娘。如今少小離家老大回，十二年了終能踏上歸鄉路。在溪口鎮毛福梅也是望著這條路，倚閭盼兒歸，淚盡天涯無處訴。她也曾經數度追著蔣介石討要兒子，無奈音訊全無。

今天村裡人知道毛福梅苦盡甘來，誰不為她高興呢！村裡人無論親友眷屬，都到蔣家來幫忙，街上還掛滿各界的歡迎紅綵布條，豐鎬房裡起哄著等下女眷們排排坐，看經國還認不認得姆媽親娘是哪一位？

作家夏明曦刊在香港《大公報》的一篇章，記載這場母子會十分生動細膩：

「溪口，這一天，豐鎬房裡匯集了眾親百眷，熙熙攘攘，熱鬧盈門。賬房裡的電話鈴聲，從早到晚，響個不絕，是杭州來的專線報告。溪口街上，更是人來人往，熱鬧異常。標語橫額，張貼滿街；工商界的人做好紅條紙旗，置辦鞭炮，準備迎接蔣公子還鄉。」

「電話一個接一個，報告說，汽車從杭州出發了，沿著奉新公路來，陪同來的是溪口鄉親毛慶祥。下午二時，人們在『上山』洋橋那邊列隊迎候，一輛漂亮的雪佛蘭小汽車遠遠地從西駛來，由遠而近，車上坐著經國、方良、艾倫和毛慶祥四人。

車近洋橋，便緩緩而駛，人群一擁而上，口號與鞭炮齊鳴，直鬧得震天價響」。

「汽車駛到豐鎬房大門口停下，這裡，舅父毛懋卿和姑丈宋周運、竺芝珊等人率領一批長輩在門外等候。相見之下，悲喜交集，連忙擁著外甥、外甥媳婦進入大門，直往內走，毛慶祥本來就是溪口毛家人，駕輕就熟，也陪著小主人循著月洞門逕自走進去。這豐鎬房本是蔣經國的出生之地，幼時奶娘嬉戲均於此，自然是熟悉的，但現在反主爲客，任人安排，一切都感陌生了。原來當他離家時，老家只幾間古舊的木結構樓房，如今經過一翻修繕、擴建，粉壁畫柱，面貌大變。這一切，怎麼不使這位離家日久的小主人興『華堂春暖福無邊』之感呢？」

安排經國和福梅母子見面的那一場，女眷們可沒有閒著，不讓他母子直接會面。據夏明曦描述，在客廳裡，安排坐著的是十來個壯年和老年女人，包括毛福梅自己、小妾姚冶誠、大姑蔣瑞春、小姑蔣瑞蓮、姨媽毛意鳳、大舅母毛懋卿夫人、小舅母張定根、嫂子孫維梅，以及毛氏的結拜姊妹曾經教過經國的陳志堅，和張月娥、任富娥等。十來人圍坐在廳堂上，大家熱情洋溢、興高采烈，等待經國來認娘。

人們簇擁著蔣經國、方良和艾倫，走向客堂間來，內外擠滿了人，當經國等人一入門內，空氣頓時緊張起來。「這時的蔣經國，一步緊似一步，一眼就望見親娘坐於正中，便急步踏上，抱膝跪下，放聲大哭！方良和艾倫也上前跪哭！毛氏早已心酸，禁不住兒子的哭，也抱頭痛哭，一時哭聲震盪室內，好不悽楚！經眾人相勸，才止哭歡笑。毛氏對大家說：我們母子相會，本是喜事，不應該哭，但這是喜哭。」

到溪口第三天，豐鎬房裡掛燈結彩，賓客盈門，喜上加喜，原來蔣經國遵照老母親的意思，遵循溪口鄉習俗，補辦婚禮。禮堂就是他家的「報本堂」，他們的婚儀完全遵照傳統儀式，新郎蔣經國，身穿長袍黑馬褂，頭戴呢帽；新娘方良也是一頂粉白呢帽，身穿綉著龍鳳圖案的合身旗袍。「報本堂」裡燈燭輝煌，伏猪伏羊，絲竹大鳴。行禮如儀，一拜天地，二祭祖宗，三拜父母。禮畢，鞭炮齊放，鑼鼓喧天，送入洞房。溪口風俗，凡是在外完婚之人，回到家裡均要「料理禮水」，卽置辦酒席請同族吃酒，蔣宅不能免俗。這一席喜酒，足足辦了四、五十桌。毛氏囑咐總管宋張松說：「凡親朋眾友所送禮儀，一律不收，長輩茶儀受之。」豐鎬房一連熱鬧了五、六天，待眾親百眷散去，這才靜下來，進入正常的生活程序。

溪口的母子會，那份天倫之樂，曹聚仁論說更活潑且深刻傳神：

「他的歸來，對於毛太夫人是極大安慰，她撈到了一顆水底的月亮，在她失去了天邊的太陽之後。這位老太太曾經爲了她的丈夫在西安遭遇的大不幸，焚香祈禱上蒼，願以身代。她相信這點虔誠的心願，上天賜還了她的兒子；她一直茹素唸佛，在那老廟裡虔修勝業。她對著這位紅眉毛、綠眼睛、高鼻樑的媳婦發怔。可是，那個活潑又有趣的孫兒，卻使她愛不忍釋。這位洋媳婦就穿起了旗袍，學著用筷子，慢慢說著寧波話來了。那個夏天，他們這一小圈子，就在炮火連天的大局中，過著樂陶陶的天倫生活。」

第十五幕

雪竇寺相遇少帥張學良

初來中國，在溪口鎮是方良感覺很幸福的日子，因爲在這個小鎮她可以和家鄉一樣騎腳踏車到處逛，甚至騎到鎮上買東西，回來煮菜做家事。溪口鄉下可從來沒有碧眼金髮的外國人，大家都很好奇，張望著這位蔣家活潑的外國媳婦。春、夏之際，方良甚至還換上泳裝在溪裡游泳，這些動作鎮上居民終於看不過去，跑去跟她婆婆告狀，可是福梅挺身護媳婦，解釋說，就在西方富貴人家婦女也都這麼做。即使身懷六甲，方良依舊維持著游泳的習慣。旁人被這個景象嚇到，說：「當心，你肚子裡已經懷了小經國！」方良指著自己的肚子調皮的回應：「不，那是小方良！」（肚子裡果然是一個女娃，她的長女蔣孝章）。毛福梅愛屋及烏，覺得方良是她看過最漂亮的小姐，雖然多數時候婆媳說話要靠「比手畫腳」，但是溝通一點問題也沒有，因爲她們之間有一個愛的橋樑——蔣經國。

而蔣經國回到老家之後，蔣介石又開始頻頻寫信，指示已經二十七歲的兒子如何學習。蔣經國說，父親擔心他「對中國的道德哲學和民族精神，沒有深刻了解」。蔣介石果然又堅持兒子要專心讀曾國藩的作品，尤其是《曾文正公家書》，還要讀《論語》、《孟子》和王陽明的文章。他在五月十二日致經國一信，要他研讀《三民主義》之前，先讀兩遍《孫文學說》。[1]

蔣經國回到溪口後不久就到雪竇寺參拜，由雪竇寺再往山裡走，就是蔣介石蓋來軟禁張學良的一棟西式洋房。蔣經國信步往上走，綠蔭裡終於見到他——少帥張學良，心裡一時五味雜陳。就是這位少帥改變了中國戰火的方向，也是他點燃的觸媒，讓蔣經國終於回到祖國，回到父親身邊！

陶涵（Jay Taylor）著《蔣經國傳》書上說，蔣經國和張學良從大陸到台灣，發展出一段相交逾半世紀的友誼。他們兩人有許多共同的地方：兩人的父親都是著名的軍頭，都有威權性格。少帥也跟經國一樣，爲了自認崇高的理想，對蔣介石不忠。他們

1　見陶涵（Jay Taylor）著《蔣經國傳》／林添貴譯。

兩人也都是浪漫的理想主義者，毫不矯情、沒有架子，又精力充沛。兩人時常相偕在樹林中散步，國學老師徐道鄰偶爾也陪著小蔣上山，對蔣、張兩人講授孔孟之道或中國歷史。少帥和經國閒暇之餘，也愛飲酒划拳，頗有煮酒論英雄，談論天下事的氣慨。

蔣介石持續寫信指導經國讀書，直到七月二十四日最後一封家書抵達。他還在信中說：「你應該專心學習中文、練習書法……不必為日本侵略分心，我有辦法對付他們。」但其實蔣介石極力避免的全面對日抗戰，已在一九三七年七月七日於北平城蘆溝橋爆發。

蔣經國在溪口停留八個月之後，蔣介石認為他重讀古籍、認識鄉土，已重新漢化的差不多了，國家正處於對日抗戰危急存亡之際，是該讓經國出來了。

蔣介石替兒子安排公職時，不得不挑一個還未被日軍佔領的地方。最後他選擇熊式輝擔任省主席，較為妥當的江西省，因為熊和蔣一樣都留學日本經歷，兩人素有交情。經過商量之後派蔣經國為江西省保安處副處長，後又兼贛南第四行政區專員。一九三八年初經國攜帶妻兒抵達江西省的省會南昌，南昌是江西的行政與商業中樞，但除了食品加工業，幾乎沒有重工業經濟。數以萬計逃離日軍砲火的民眾流落於此，使得南昌顯得又擠又亂。方良追隨丈夫帶著孝文和剛出生的女兒孝章，離開恬靜的奉化鄉間，移居至此，一家在一套兩層樓頗爲舒適的房子安頓下來。蔣經國還是喜歡保有一介平民的生活風格。他父親曾經派了十數人來江西保護他，他一一都遣送回去，只留下兩個人在身邊。

第十六幕

明月可愛，方妻更可愛

蔣經國攜帶方良回到中國之後，有人看不習慣蔣太子身邊有一個洋人太太，加上他身邊時時圍繞著追求他的年輕女子和女大學生，因此看壞他們的異國婚姻，懷疑他們夫妻感情一定不好，這種懷疑論，可以漆高儒《蔣經國評傳》書上說的為代表，漆書說：

「蔣經國在蘇俄最苦難的日子娶了俄女方良為妻，這是糟糠之妻，是患難的伴侶，表面上尚屬相安，但實際上並不和樂，蔣方良不能相夫教子，因為她教育程度太低」。又說「他們夫妻回國後，進到第一家庭，簡直是從地谷到高嶺，轉變得太快了，方良不能適應，對丈夫的工作無從幫助」。

「至於他（蔣經國）對待妻子方良，雖然內心深度不滿於她的文化水準和他相差懸殊……，但是他本著『貧賤之交不可忘，糟糠之妻不下堂』的原則，一直以禮相待。飛上枝頭作鳳凰，已經夠她私衷滿意，夫復何求。蔣經國對於『無話可說』的家庭，轉而把精力全副寄於公務，爲公務常常夜不歸營。」

漆高儒這本書寫在一九九八年，是蔣經國已經過世，而蔣的日記尚未公開之前，因此有許多自己的臆測，甚至身爲蔣經國的下屬，而對蔣方良有「飛上枝頭作鳳凰，已經夠她私衷滿意」的輕蔑之語，令人遺憾。事實上蔣經國在日記裡從未嫌棄蔣方良的教育程度，因爲在那個戰亂的年代，方良能夠到國營的烏拉爾重機廠技術學校讀書，算是很幸運的。而蔣經國自己也因爲時局動盪，幼時在家鄉上過私塾教育之後，到上海只是讀幾年中小學，到了蘇俄除了政治掛帥的孫中山大學、短暫的托馬可軍事學校，更多的是十年勞改生活，他自己也沒有受多少正規教育。

蔣經國自己說，他和方良的感情是建立在艱困的環境之中，因而特別的純潔，特別的珍惜，他們不是從利益或權勢的考量結合。因此婚後數年，他仍覺得感情好像第一夜。他關心方良來到異國的語言溝通問題，特別安排友人爲她翻譯，方良想家時他感到很心疼。

在贛南時期，方良更是蔣經國的得力助手，她上街參與募款、關心幼童托育問題，也粉墨登場義演「蘇三起解」大受歡迎。絕非如漆高儒所言「和蔣經國無話可說，對他的工作無從幫助」，漆的言下之意，蔣還因此常常夜不歸營。相反的從蔣經國的贛南日記裡，可以看出他是一個愛家的男人。他在日記裡頻頻記下妻兒的陪伴，帶給他忙碌工作之餘的幸福感，他甚至在日記裡對方良深情的說：「明月可愛，方妻更可愛」，這是蔣經國對方良愛的宣言，日記的揭示，讓外界首度探悉，經國和方良年輕時的濃情蜜意，是他們的眞愛軌跡。

一九三八年蔣經國一家來到南昌生活，經國的留蘇同學高理文也攜家帶眷來到南昌，方良見到有留學蘇聯經驗的高理文、羅南英夫妻之後特別開心，主要是他們的飲食習慣比較接近，而且沒有語言隔閡。到了年底日本軍機活動增加，逼近南昌，蔣經國決定將家眷送回故鄉奉化，那裡離戰區遠，比較安全。高理文也開始找便車，打算將妻兒送去重慶後方安置。這時蔣經國找高理文商量，問他太太願不願意一起去奉化。高理文回憶：「經國的太太和我們在南昌相處數月，語言方面彼此可以達意。生活習慣上頗爲接近，我太太同去奉化之後，她多了一個會說俄語的人，也多一個伴侶，我想這就是經國邀我太太去他的故鄉奉化的主要原因」。從這點就可以看出經國體貼太太，細心溫柔的一面。

方良回到奉化之後，蔣經國和方良頻頻書信往返，在那個郵寄效率不高的時期，日記顯示僅一九三九年一月就書信往返七次之多。經國寫信給方良，談贛南地方風情，和過新年的熱鬧情況。方良則是告訴經國家中平安，並用心的寄文兒、章女的照片給經國。經國收信總是說「心中非常快樂」，「接到方妻來信知道家中大小平安，心甚快樂」。可能是蔣經國返國不久，中文造字遣詞不夠用，總是以「非常快樂」「心甚快樂」，直接表達他的心情，這倒也顯得眞情流露。一月十九日他的日記寫著：「接到方妻二封信並文兒、章女照片各一張時，心中非常快樂。方妻對我的愛可以說是眞正的愛，我非常感激，同時她又是一個孤女眞是可愛，我始終是愛她的，兒女亦同，眞是可愛，我擬寄二張照片給父親大人」。

到了二月二日接到方良來信，說她孤身在溪口感到寂寞，經國日記便寫下：「接到方妻來信，知其在家甚寂寞，心中爲之不安」。於是雖然公忙，三天後就趕回溪口了。二月六日，日記記下返回溪口的歡樂之情：「昨夜到家得與母親、方妻、文兒、章女團敘天倫之樂，心中非常快樂。家事如常，母親見了我特別高興，我的到家能使老母親快樂。方妻是我的良妻，她是我的親人，能離開祖國隨我來華，可以斷定她愛我之心的純潔，同時她能聽從我，在中國過他們所不能過，或者她絕對過不慣的生活，一方面使我佩服，一方面使我更愛她、更親她」，這時蔣經國對方良可以說關懷備至，深情款款。

二月十一日蔣經國帶同方良、文兒到馬鞍山旅遊，重遊舊地感想很多，他想到在蘇聯的艱困日子，如今雨過天晴，一家人得以團聚在自己的家園，感觸很多，「曾何幾時一國一家一人之變化（甚多），可謂快樂」。經國在贛南得遐之時，也經常帶著妻兒去風景名勝區旅遊，像是龍嶺村、八景台等。尤其八景台風景甚佳，經國說：「我常遊此地而不厭，將來擬在該處附近建築大規模之運動場」。

在經國的愛護之下，方良也用心學習中文，「方妻最近學習中文甚用功，甚有進步，昨晚代方妻閱改造句，其中錯字並不多，一年後方妻定能看報章」。但就在中文、寧波話漸入佳境之餘，方良還是忍不住思鄉落淚。二月十五日經國在日記上寫著：「昨夜方妻想到她的姊姊不覺痛哭流淚，我亦感到可憐，方妻在此遠離祖國，我應當對她更熱忱的愛護」。

雖然結婚四年，跟隨丈夫來華生活也兩年了，方良異國婚姻的困境時而顯現，這是可以想見的。她唯一的親姊姊安娜在遙遠的北方，已經幾年不見，一線親情斷了線，想到故鄉不禁悲從中來。有一日經國在廣東酒家宴請俄國顧問吃飯，方良也同行，團聚一堂氣氛很好，經國說：「方良看見了他們，好像看見親兄弟一樣」，方良用俄語跟他們熱烈交談，她有很多話想問，「君自故鄉來，應知故鄉事？」這裡顯示出方良的鄉愁。

一九三九年四月蔣介石得到情資，日軍恐有占領寧波之企圖，因此通知蔣經國，要他發電報給方良母子，交代他們盡快離開奉化到贛州居住。時局緊張，蔣經國兩星期未接到方良來信，就憂心不已，等到接到來電時才放下心。經過多方催促，五月方良終於帶著文兒、章女來到贛州，但是母親毛福梅卻沒有同行，據說她被溪口鄉親的溫情挽留下來。經國隱隱覺得不妥，再度電報催促。五月二十六日日記記下：「看見方妻、文章兒女，心中十分快樂，不過母親未曾來贛，隻身居鄉，時時想念不已，昨日已電家裡，我已平安到贛，望母速離溪來贛」。至七月母親仍在奉化，七月十日經國日記又寫到

「近日時時刻刻想念我老母在家，敵人犯浙，心中十分不安」。母親遲遲未到贛州，讓經國十分擔憂。

六月中旬，贛州遭到日軍猛烈的轟炸，街上屋倒物散，到處凌亂一片，蔣經國決定將妻兒送到較安全的郊區通天岩。有空時他回通天岩看妻兒。有時則是方良帶著兒女來贛州會蔣經國。八月十日經國愉快的寫著：「方妻文兒章女昨夜由通天岩來贛州，在百忙之中得有機會敍天倫之樂，實爲最愉快之事也。但昨晚章女溫度甚高，全夜啼哭，心中不安。近來文兒特別活潑可愛，章女亦已能講話。方妻愛我之心切，處處得到無上之安慰，我雖事忙心煩，但是能夠有機會享受家庭之快樂，心中較爲安慰」。這段時間，蔣經國在日記裡顯現的，完全是一個愛家的男人。

八月二十五日，他更在日記裡寫下一段深情款款的表白：

「昨晚當明月初上之時，同方妻二人在通天岩前田野間散步，坐在地上觀月有無盡的感想，我已有很久沒有同方妻共同散步談心，今天回想到過去的生活甜酸苦辣都有，不覺起一種難以描寫的感情，我們共居已有四年但感情仍舊，似第一夜，我們的愛是眞心誠意的，愛情要比任何人純潔，我們在明月之下說，『將來有福同享有苦同吃』，但是始終不離開革命的陣線。明月是可愛的，方妻更可愛！」

「明月是可愛的，方妻更可愛！」這是蔣經國和方良結褵四年，對她情意不減，坦白而純潔的愛妻宣言！蔣經國的日記公開之後，讓外界知道他和方良有這段純粹的感情基礎，未來即使風浪很大，過後還是可以修復，甚至到老，還是老來伴侶。

第十七幕

蔣方良在贛南的光和熱

蔣經國來到贛南時期，贛南先天條件不足，土地貧瘠，經濟落後。加上四年的國共對峙，圍剿衝殺，百姓日子悽慘。而當時贛南的官員貪污腐化，捐稅任意徵收，兵役可以公開買賣，烟館和賭館在官吏們的掩護下開設，械鬥時常可見，地方豪紳十分囂張。蔣經國挑這個難做事的地方上任，他是來挑戰，來施展抱負的。

蔣方良於是夫唱婦隨，在贛南生活快樂而充實的。相較於在台灣時期的「類隱居生活」，贛南時期的蔣方良，是一個活潑熱情的女士，她展現金牛座自信而開朗的本性，在許多方面協助丈夫推動工作。而這個時期的蔣經國，年輕、有活力，在政治上開始發跡，熱情投入建設新贛南工作。在職務上他還不是中央要員，所以歡迎妻子方良投入他的工作，蔣方良經常跟隨蔣經國走遍贛南的每一個角落。

蔣經國喜歡邀請年輕人到他家作客，方良熱情款待客人做得十分周到。年輕人問了許多問題，尤其喜歡問他們倆在蘇聯的生活，以及他們如何相識相戀、共結連理，夫妻倆都一一大方回答。馬克．奧尼爾在《蔣經國的俄國妻子——蔣方良》書上說，在贛州這個偏遠地區，洋人很罕有，洋人女性更是難得一見，方良自然成爲街坊的焦點人物，蔣經國認爲，把太太拉進自己的社交圈，是讓她融入當地社會、增進中文能力的好方法。

經國在轄內提倡開辦托兒所，以減輕婦女身兼母職的重擔，創立兒童新村時，便委任方良爲新村的指導員。一九四〇年三八國際婦女節，贛州市開展全市的婦女慶祝三八節大會。蔣夫人是特邀首席貴賓。大會主席請蔣夫人方良給大家講話時，正是由高理文太太羅南英給她當翻譯，蔣方良當時說俄語，嘰里咕嚕卡羅沙夫，好像放爆竹似的，在場人都聽不懂。要等羅南英翻譯過後，大家才掌聲喝采。大意是慶祝三八節的意義，勉勵大家做好婦女工作，一起爲蔣專員建設新贛南作出貢獻。

另外在王美玉《蔣方良傳——淒美榮耀異鄉路》書中描述，當時的蔣方良另一個重要任務是協助募款，蔣方良經常在丈夫的號召下，走在勸募隊伍的最前頭。蔣方良是一個外國人，每次在這種公開場合中，她都積極的走入群衆，因爲她說著一口不很流利的中國話，相當引起注意，再加上她的熱情，讓她顯得更有親和力。據說，每一次捐款都有很好的績效，常常讓蔣經國高興的開懷不已。

有一次，在慶祝蔣介石的祝壽活動中，蔣經國發起捐款獻機活動，一方面爲他父親祝壽，一方面發動人民捐錢購買戰機，加強軍事力量。爲了勸募，蔣經國全家又出動了，蔣方良努力的走在群衆中高喊：「愛國抗日，祝賀領袖，捐款爲樂，無上光榮！」在她的熱情感染下，捐款源源而進。但是蔣方良並不鬆懈，第二天她又出現在街頭，手中拿捐款的本子，跑到富人的面前，要對方寫下捐款的數目，商人們在她的勸募下也不小氣，不久就達成了預定的勸募目標！

蔣方良在贛南還有一件令人津津樂道的事，就是她粉墨登場表演京劇「蘇三起解」，從這裡更能看出方良的熱情和投入程度！起初，方良下了工夫練唱，不久居然能跟上胡琴開口唱了，雖然帶點洋味，還是唱的蠻不錯的，在一次聯歡會上，大家鼓掌拱她唱一段，她感到盛情難卻，眞的上台唱了一段「蘇三起解」，贏得了滿堂彩。

據徐浩然《蔣經國章亞若在贛南的日子》一書描述，當時有京劇義演，門票收入均作救濟基金，贛南的名演員都參加義演，但蔣方良登台表演的消息傳出，引起更大的轟動。票價增漲數倍，還有富商大賈的榮譽券，購票者無不爭先恐後。上演之日座無虛席，還有人從廣東南雄、韶關趕來，觀看這一空前絕後的「女起解」。

開演鑼鼓一響，只見解差崇公道牽著身材高大、碧眼高鼻的女犯蘇三上場，觀眾被她的亮相驚愕得目瞪口呆！這位俄羅斯夫人扮演的蘇三，披枷帶鎖在台上大步行走，唱了幾段流水，在滿堂喝采中落幕。

當時地方報紙刊出一則花邊新聞：「昨晚群樂劇院，觀眾十分擁擠，蔣專員和軍政首腦大都前來觀看，盛況空前，氣氛熱烈。蔣方良夫人扮演蘇三，演唱十分精彩，但她的唱詞『索山利瞭翁通縣，匠身乃道度節錢』令人不知所云。經行家推敲，原來蔣方良在台上唱的是『蘇三離了洪桐縣，將身來到大街前』的詞，係混有寧波方言的諧音，令人聽之捧腹，一時傳爲佳話」。

贛州那段時光，是她唯一一段積極參與丈夫公務的日子，馬克．奧尼爾認爲方良原本的性格是外向活潑的，使她能快速適應與蘇聯家庭截然不同的環境，她參與很多，奉獻很多。不料在贛南的歲月，也飛進來一隻黑天鵝，蔣經國發生了婚外情。馬克・奧尼爾形容蔣經國的這一段婚外情，是方良的黑暗時刻，因此贛州美好豐富的日子裡，也包含了她與夫婿五十多年婚姻生活中最酸楚的記憶。

第十八幕

毛福梅罹難，蔣方良失寵

一九三八年蔣經國說服父親，成立三民主義青年團。並建議以三民主義青年團取代由情報頭子戴笠組織的藍衣社。經國也提議，三青團團員的地位與國民黨正式黨員相等。三青團這種特殊地位，使掌控黨機器的陳果夫、陳立夫兄弟非常不痛快。陳立夫認爲這是委員長的「政治動作」，他們心知肚明，蔣介石成立三青團是要讓蔣經國以此爲地盤，建立自己的勢力。

而蔣介石曾經提醒蔣經國，做大事要有自己的幹部，因此他積極招兵買馬，成立「三民主義青年團幹部訓練班」，成爲蔣經國重視的自家班底，這就是贛南青幹班的起源。一九三九年年底，蔣經國在轄區內赤珠嶺開訓青幹班，培養自己的人馬。招入幹訓班的，多是年輕愛國的大專男女學生，他們摩拳擦掌渴望以自身力量拯救家國之危，也積極靠近蔣太子，謀求自己的發展前途。而當中引人側目的是，蔣經國破格錄用了僅初中學歷的一名女子——章亞若，並和章亞若發生婚外情。章亞若為蔣經國返國不久的感情世界，掀起巨大風波。

依據黃埔一期郭禮伯將軍的說法，他是一九三九年把自己的小妾章亞若託給蔣經國照顧，一九三九年六月蔣經國接贛南行政督察專員，章亞若就到專署辦公室上班，擔任文書工作。接著一九三九年底，蔣又破例讓章亞若參加幹訓班訓練。雖然這時蔣日記裡沒有提到章亞若名字，但已多次提到青幹班的情形。例如十二月一日寫到：「昨日上午五時起身後，即率領青幹班學員到草場上早操，學員的精神都非常振作，看了之後心中非常快樂」，章亞若就在幹訓班第一期受訓，同期一起受訓的還有王昇、許素玉、蕭昌樂，和章在南昌葆靈女中時的同窗好友桂輝（桂昌德）等。郭禮伯認為，章和蔣發生進一步關係的時間，應該是她幹訓班受訓完，回到專員公署後。假日蔣經國留在公署加班準備上課資料時，據說章亞若會貼心為他準備吃的，像是蔣經國最愛的蔥花炒雞蛋、紅燒狗肉和牛雜等。

然而章亞若眞正走進蔣經國的內心世界，最重要的關鍵，是蔣母毛福梅遽然遭受日機轟炸罹難。一九三九年十二月十二日，日本軍機飛到溪口上空空襲，其中一枚炸彈瞄準了蔣家的宅第，蔣經國的母親毛福梅當場罹難。遭逢變故，母子情深的蔣經國悲痛無比，他和母親久別重逢，才剛從蘇聯回來兩年，承歡膝下時日不多，老天爺竟然奪去他的慈母。

隨後長時間的日記裡，蔣經國陷入悲傷、無助、渴望愛、渴望安慰，甚至心情極度憂鬱，以至於覺得活著無意義，內心世界出現極大的破口。一九四〇年母親過世這一年的日記裡，經國和方良感情陸續出現摩擦裂痕。和章亞若的感情則在日記裡慢慢現出蹤跡。

令人意想不到的是，婆婆毛福梅的過世，竟讓方良措手不及，她失去疼愛她的婆婆，看著丈夫進入深層的悲痛裡，卻束手無策，而章亞若已經漸漸代替她的角色，對蔣經國關懷備至，使她失去丈夫的關愛。毛福梅的亡故，意外使方良經歷了一場「愛的死亡交叉」。

一九三九年十二月十二日毛福梅罹難當天，不知是否母子連心，經國日記記下：

「睡到半夜從夢中驚醒後卽不能入睡，心中非常煩悶。想去洗澡，但不知道爲什麼兩隻腳無論如何走不動，一點力氣都沒有」。

十三日上午九時許回署辦公，就接到溪口來電，當天日記記下：「這是一個血電！讀了電報之後知道家中被炸，我母已無法尋覓，電報中雖然沒有說出我母已罹難，但是我已能判斷我母已罹難矣！哭！哭！哭！哭字不足形容我當時的悲哀，悲！悲！悲！就是寫上一千個哭字和悲字，都不足表達我當時的心，唉！母親！母親！我眞對不起我老母，我罪之大是値得天殺的！母親，母親！我大人一生沒有做過一點一滴惡事，一生都是做善事，倘使講命運那是老天沒有眼睛，或者我有罪耶？但是汝兒自問，沒有做過一件虧心事，事事都是致善爲好」。

下午他就攜妻兒返鄉奔喪，日記寫下：「下午三時由贛州動身，偕方妻文兒章女赴溪口奔喪，恨不得一步就踏到溪口踏到我母親的身旁，老母！老母！慈母！母親！親母……，恐怕我再寫一千個慈母，我再叫一千聲姆媽，我母已不能再看矣，已不能再聽矣！母親我不怪天，我只怪汝兒之不孝，未曾將母接到贛州，我只怪我的敵人東瀛鬼，非誓死爲母復仇，我要汝孫亦誓死爲我母復仇」。

是日蔣經國一進家門，抱著母親遺體嚎啕痛哭，旋卽昏厥過去！母親入殮時，他滿腔悲憤，噙淚疾書「以血洗血」四字，刻石立碑於母親罹難處，石碑右上方寫著「先慈毛太夫人罹難處」，左下署名「中華民國二十八年十二月二十五日，經國泣書」。誓言此生必報殺母之仇。

一九三九年歲末寒冬，經國在悲傷中渡過，他還不能接受姆媽過世的事實，覺得好像生活在夢中，日記裡哀嘆：「世間除我母外，誰再能以如此之慈心待我耶」，「想到我母待我之厚，愛我之切，不禁潸然淚下，今後我再不能得到如母愛我之愛矣！我知我父愛我，但因其地位關係，總不能如我母表示愛心之切也！」。

一九四〇年經國在哀傷中掀開序幕，他為母親感到不捨，也為母親一輩子的際遇感到不公，腦海裡時時浮現幼時和母親相依為命的畫面，一字一句的寫在日記裡。一月七日：「回想幼時在夜間陪母親織布補米袋，我則在燈下讀書寫字或講故事，我母必到午夜方入睡，先將我送上樓睡覺，我母總是還要繼續勞動。每春則隨母提籃採桑養蠶，我母的一雙手是勞動的手」。一月十一日更有一段悲傷的日記：「去年在家的時候，我母對我說『我是你們蔣家的看家狗』當時我聽了這句話，流了許多眼淚，同時我母親亦哭起來了，我已無力勸慰。今日想到母親所講的話，我的眼淚不覺又湧出來了，這句話是說得多少悲傷，不，我母親是蔣家的柱石」。

「我母親在時，我一切全靠母親主持，今慈母去世一切都要靠自己主持了，在從前到冬天，母親就會替我做冬天的衣服，到夏天就會替我做夏天的衣服，時時會想到我所需的所要用的，但是今天還有誰來照顧我，天呀！痛哉！母親的愛本是偉大的，但是我母親的愛是特別的偉大」。

毛福梅是一位傳統的女性，做飯裁衣，縫製布鞋，一心一意照顧她的經兒，這些傳統美德，確實是蔣方良無法比擬的。這幾個月的日記裡蔣經國沉浸在哀傷裡，都沒有提及方妻。

三月底才又寫到方良，三月二十九日彷彿表白心跡的說：

「我對方良的愛與態度是最純潔的、最坦白的，我始終認爲她是我的終身之友，我愛她，我保護她，同時我亦知道她是愛我的，這是決定一切問題的原則。今天方良既是我的妻，同時共同養了一男一女，我們都非常愛護子女，她不但同情中國，同時可以講她是內心愛中國，我絕對十二萬分誠意的想同方妻到老團團圓圓，看見我子女的成長，我相信方妻亦是願意這樣的！方，我們應當同到老，希望你給我這個幸福，我亦保障你的幸福」。

接下來經國的日記還是充滿對母親的思念之情，經常哀嘆：「我母汝往何處去矣?!」經國說自慈母逝世之後，「沒有快樂過一秒鐘，人生不過如此而已」。「環境如此惡劣，做人又如此難做，家事又如此悲慘，正是坐立不安，倒不如一死爲快！」蔣經國竟然語出驚人的說「不如一死爲快！」這幾乎到了憂鬱症的程度。那麼，「愛我之心切，處處得到無上之安慰」的方妻呢？他都沒有跟方妻吐露心情？方妻沒有辦法安慰他的悲傷，還是他已經不尋求方妻的安慰了？

接著經國有許多觸景生情的回憶，一九四〇年五月三十日記記載：「一座美麗的古塔孤立在一條急流的溪邊，在溪的另一岸有一座古廟，在廟前面有幾枝老柏樹，這一幅天然的安遠風景，自去年到了安遠之後，時時在我的回憶之中。去年曾坐在古塔的對面，想念當時在溪口的慈母，今年我又來了，昨日又走到那條急溪的旁邊，一人悶坐半小時，溪中的水還是照舊的流，寶塔還是獨立在小山上，一切一切都似往日，但是我的慈母已不在人世矣，想到這裡不覺淚下悲痛至極。總之，這一幅天然的風景成了悲景，將永遠成爲我心中的悲景，這條小溪將永久的不斷的流，我心中的悲哀亦將永久的存在，不斷的相思我母在天之靈，望時時能領汝愛兒前進。嗚呼，我母汝往何處去矣！」

過去可以給經國快樂的文兒、章女，現在似乎也難挽救經國的頹喪。

五月二十四日記下：「昨日傍晚同方妻返回東門外寓所，當我將走到家門口時，文兒章女就趕上來迎接我，這是多麼快樂，但是我最近來一見兒女就會想到先母，我先母在世時對於文兒章女是如何的狂愛，而今日文兒章女已失去其祖母之愛矣」，尤其看到文兒章女，聽到他們時時講「阿娘來了！阿娘來了！（阿娘，祖母之意）」心中尤其難受。看到「方妻穿了慈母之浴衣，心中反覺悲痛，心依然如刀割矣」。六月十六日經國說：「文兒章女現在非常活潑可愛，但是總不能解我心中之煩悶，無論在什地方，無論在什麼時候，總是想念慈母，嗚呼，我慈母從何處去矣？汝兒到何處可以來拜訪？」。

六月十五日日記又寫著：「近來每當辦公完畢之後，覺得自己的身心無寄託之處，譬如昨日五時之後，一方面想繼續處理公事，只是又覺得已經非常疲倦了，但是又不知道到哪裡去好，精神方面覺得非常孤獨，本來是想去看戲，後來又想到我自己之曾經下過命令，除星期日外公務員不許看戲，所以爲了以身作則，看戲的念頭亦只好作罷。最近來精神之所以感覺痛苦，最主要的原因還是因爲失去了慈母，不但覺得目前無依賴之處，好像一生都無依賴之感，我在今天好像是一隻無巢可歸的飛鳥，我最近來還是像瘋人一樣，想像我慈母就在溪口或者就在我身邊，唉！」。

方良如果看到這段日記也要嘆氣，母逝半年，明明妻兒都在身邊，經國卻覺得自己好像是一隻無巢可歸的飛鳥，那麼到底誰可以給他安慰，哪裡是他想飛去的巢呢？

雖然蔣經國在日記裡尚無明顯寫到和章亞若的感情發展，但據徐浩然著《蔣經國章亞若在贛南的日子》一書上已寫到蔣追求章的情形，蔣經國在幹訓班對章亞若已經另眼看待，一九四〇年初，母親遽逝辦完喪禮之後，蔣經國回到贛南仍繼續追求章亞若，徐書說他對章亞若有一種特殊的感覺「即感覺她別有某種吸引他的風韻和溫柔；這種風韻和溫柔，是一九三八年到南昌以來，許多給他寄送照片，或面談或寫信，向他表示愛慕追求的，大專畢業年輕漂亮女子所沒有的」。只是這段時間對於蔣經國的追求，章亞若以自己身世可憐，還有前夫的兩個小孩要照顧，一時還沒接受。

時至七月，母親已經仙逝半年多，經國覺得非常苦悶，開始有更多抱怨，抱怨沒有人爲他準備早餐等等。七月三日他日記上說：「近來心不定並且覺得非常苦悶，今天早晨三點三十分卽起身，因爲要趕到城內上早操，起來之後覺得自己之孤獨，無人替我燒飯，亦無人安慰我，倘使我母親在時，則早已起來準備一切矣。爲人子至死不忘此種恩情，回想過去不覺熱淚下矣，總而言之，最近覺得人生空虛，覺得苦悶，祇有以工作來充實私生活的空虛，祇有以工作來解決苦悶」。

對蔣方良的抱怨不斷，到了七月、八月時，他和方良的吵架開始加劇，他在日記直接寫下方妻發脾氣，他在家得不到安慰！怨怪方妻無論如何總是不瞭解他。七月二十三日衝突後的日記，他不開心的寫說：「中午返家吃飯，方妻發脾氣，同時弄壞……（作者註：此處用墨筆劃掉幾句）這種脾氣令我不快樂……（又劃掉幾句，至於是誰劃的無可考），近來我們時常因此種事衝突，所以我在家中不能得到安慰」。

八月四日又說：「最近來自己覺得精神非常苦悶，時時想念我先母之苦痛，自先母罹難以後，我始終再得不到熱烈的愛，親熱的愛，最近來工作較忙，同時又得不到安慰，所以更覺得苦悶，……（接下有一段黑色墨筆劃掉，但清晰可以看到下面這一段）方妻無論她對我如何，但總是不瞭解我的，有時候不但得不到安慰，而還要受氣，自己覺得……，能夠安慰我的祇有文兒」。

去年經國才說「明月可愛，方妻比明月更可愛」，怎麼現在變成方妻無論如何總是不瞭解他呢？顯然他們的婚姻出了問題，就在身邊的方良，不再是經國尋求安慰的對象，反而是爭吵的對象。是方良變了嗎？還是經國變心了，那又是誰改變了經國的心意？衝突之後，八月二十一日方良決定獨自回去奉化溪口居住。有人形容方良是一個很聰明的人，眼睛很敏銳，這時不可能對枕邊人的變化沒有知覺。

這時期在馬克．奧尼爾《蔣經國的俄國妻子》一書上旁證了蔣經國和章亞若的進展。蔣經國喜歡聽京劇，見諸他的日記有：「在青年團聚餐後，即同知己朋友六人到慶州看平劇」。奧尼爾說，章亞若也會登台票戲，蔣經國會去捧場，也到後台探班致賀。最特別的是，徐浩然書上寫到，蔣經國會讓章亞若看他回國後寫的《我在蘇聯的生活》，讓她選幾篇留蘇日記整理出來，送往報刊發表，「一方面是讓章亞若進入他的內心世界，瞭解他的隱私，以密切他倆的關係，另一方面是讓外界了解他的過去」。而根據郭禮伯回憶傳記的說法，章亞若在青幹班受訓結束後，一九四〇年下半年和蔣經國的關係卽有進一步發展。

方良獨自去奉化之後，九月一日經國日記有這一段記載：

「我深深的感覺到自己生活的枯燥與煩悶，除了尚不大懂事的文兒章女能以熱情愛我之外，沒有其他的人能眞心的安慰我，尤其最近來方妻赴奉，我一人在城住宿的時候，覺得非常苦悶，有時候想起家中事心中十二萬分的煩悶，這種情況除了我自己和我的父親大人之外，是再不需有人知道的了」。

蔣經國覺得自己和方良家裡不合的事，不足爲外人道，但父親大人是唯一可以稟報的，他猜想父親應該是會支持他的人。

方良不在這段時間，章亞若卻明顯的寫入蔣經國的日記裡。

九月二日蔣經國約章亞若散步，「晚間約章科員（章亞若）、王科員（王制剛）在街上散步」。

九月八日：「上午來了許多青年朋友在辦公室閒聊，這是我最快樂的休息方式，我愛他們的純潔，我愛他們的天眞，我愛他們的誠實」。

九月十日，晚間經國又約范科長、章科員、王科員在街上散步。同時寫信跟父親說，他要爲小孩請家教，日記上記下：「給父親的信末提到，兒擬請一家庭教師在家教孫讀書，因爲媳孫所住之處離城甚遠，而附近又無學校」。

這裡蔣經國日記透露出請「家教」玄機，請家教應該是蔣章感情進展的跡象。他想請的家教老師應該就是章亞若，馬克．奧尼爾《蔣經國的俄國妻子》書上提到，小蔣邀請章亞若當自己的私人秘書。章亞若有時會陪小蔣到外地出差，有時也到訪蔣家，偶爾還替方良的兩個孩子補習——方良知道她的存在。

郭貽熹著《我的父親郭禮伯》書上指出：「蔣經國因爲害怕他和章的事走光，被外界和夫人方良發現，所以就在外面租屋同居」，就像過去郭禮伯在南昌百花洲，金屋藏嬌章亞若一樣。「至於如何掩護章的身份，也是沿用父親的模式，對外面說她是他的秘書，對家裡就說是孩子的家庭老師」。

至九月十六日離開近一個月的方妻終於回來了，但帶回來故鄉不好的訊息，蔣日記記載：「方妻回來了，她告訴我許多關於家鄉的事，溪口已無人影，大多數的房子都已燒盡，總之溪口已無溪口的樣子矣！回憶昔日雖有悲痛，但是我相信將來一定能建立起更整齊更新的溪口來。方妻對我說，母親墓地的花園中都是荒草，墓舍裡都是灰，沒有人去管理整理，至於家中則一切家俱都是非常紛亂，自我們離開溪口之後，從來沒有整理過，唉，天啊！不但我的國不像國了，我的家亦不成家了」。

「我的母親呀，自大人離世之後，兒子已成爲無巢之鳥，誰還會想到汝子要吃什麼？要穿什麼？我知道父親是愛我的，但是父親總是因爲地位和環境之不同，決不可能照顧到我，我並不是想得到照顧，我是想得到眞正的愛！」「昨日穿母親自己替我做的布鞋，心中更覺難受，這是最後的一雙鞋，今後是再穿不到依我心想做的鞋子了，所以決定脫下來作爲永久的紀念，我的母親一世的心血可以說完全是用在我的身上」。

到了年底，就像所有愛家男人發生外遇一樣，蔣經國陷入矛盾裡，一方面想明確得到章亞若的愛情，一方面還是想要維繫和方良的婚姻。認爲雙方時有爭吵，自己應該多多讓她，希望和她變成革命的伴侶，從更高的角度來看待兩人的婚姻關係。

其實章亞若的成熟嫵媚，雖然深深吸引著感情世界相較生澀的蔣經國，但重視家庭親情的蔣經國，從主客觀環境來看，要拋棄離鄉背井，跟隨他來中國的方良，並不容易，更何況已育有一雙兒女，還有父親蔣介石的應允要克服。

於是十月二十四日他在日記寫下這段感想：「晚上寫信給方妻，我同方妻結婚至今已將六年矣，彼此因性情不能爲一，時時會發生誤會與衝突，但事後則仍舊和好如常，誰無缺點誰無錯誤，但是最要緊的是大家能夠互讓。無論如何我總是認爲方妻待我是忠的、是誠的，她對於我中國亦是非常忠實的，她的許多缺點我亦應當原諒她，我應多多讓她，亦惟有這樣，才會有家庭的幸福，我在信中說『共同爲中國人民的幸福而奮鬥的工作，將鞏固我們倆永久的愛情』」。

但是，即使蔣經國有意維持婚姻關係，還是禁不住婚外情的致命吸引力，到了一九四一年初，日記顯示，蔣經國和章亞若開始以「慧風」、「慧雲」暱稱對方，陷入熱戀，無時不在想念對方。章亞若的出身背景如何？爲何衆多知識女青年崇拜蔣經國，寫情書給蔣太子，都比不上章亞若這位曾經喪夫寡居，曾經是將軍府上姨太太的女子來得有魅力？

第十九幕

情史豐富章亞若

根據黃清龍《門裡還是門外——從蔣經國日記再探孝嚴身世》一書的敘述，章亞若的父親章甫，字貢濤，原籍江西省新建縣吳城鎮，他用功好學十六歲那年趕上清末科舉的末班車，中了秀才。科舉廢除後，他先應聘到南昌一所小學當教師，後升為校長，之後又調至江西省教育司任職。隨後轉赴北京，到法政大學攻讀法律，畢業後在北京市政府擔任秘書。後來還當過五省聯軍總司令孫傳芳統治下的遂川縣長及贛西稅務司長，北伐勝利後一九二六年回到南昌掛牌當職業律師。

章亞若一九一三年生於江西新建縣的吳城鎮，她天資聰穎，在父親的薰陶與悉心調教下，據說，五歲即能朗誦唐詩名句，七歲入讀小學，成績優異。一九二五年，章亞若考入南昌葆靈女校，這是由美國美以美教會興辦的貴族學校。章亞若聰明好學，初中三年輕鬆愉快讀完。中學畢業前即常以章蘋爲筆名寫文章、吟詩作聯繪畫。在校參加過歌劇，表演過平劇，可說是學校的風頭人物。當她正準備要升高中時，十五歲那年就奉父母之命，嫁給了遠房大表哥唐英剛。唐英剛原籍也是新建縣，祖父在清末當過縣令，是個大戶人家，他母親和章亞若母親周錦華情同姊妹，兩邊家族時常往來。他和章亞若也可算是興趣相投的青梅竹馬，因此十八歲高中畢業那年，就在兩方家長同意下，娶了章亞若。婚後兩年，生下兩個男孩，取名大衍、小衍，即唐遠波、唐遠輝。

看似門當戶對的這樁婚姻，最後卻以悲劇告終，原因出在兩人性格上的差異，章亞若本性熱情外向，敢於嘗試新事務，成長階段讀美國教會學校，眼界自然較寬廣。而唐英剛重禮教，觀念上比較保守，他希望章亞若在家做個好媳婦，教養兒子，服侍老母，不願意她在外拋頭露面。結婚幾年之後，老實無趣的丈夫已經不能滿足章亞若的期待，她覺得不耐，不想自己被困在家裡。她想要外出工作，實踐自我，獲得經濟獨立和人格獨立。在今日來說，她就是一個時髦的現代化白領女性。但在那個保守的社會，她就是不安於室的女人。她幾次找丈夫溝通，都被拒絕，於是就吵了起來。兩人天天吵、夜夜吵。最後她很坦白的寫信給丈夫，信中說：「你我淡漠已三載，我看我不是一個好妻子，可我又無法改變我自己。我想，與其你我相互羈絆，不如各自還其自由，社會日趨開明，你不必背上『休妻』的重負。你我都還年輕，今後的日子還很長。離開了我，你會幸福的，我只是希望你永遠永遠是我的好表哥。你的不賢良的妻」。從她寫給丈夫的信看出，她想拋開這段婚姻的束縛，她對唐英剛沒有什麼抱怨，只是希望唐還給她自由！

後來唐母出面說情，唐英剛才勉強同意讓妻子外出工作。章亞若透過父親引介，報考省高等法院文書招募考試，還考了第一。這時唐英剛在南昌法院看守所任職，章亞若新職的名望和地位都比他高，唐英剛嘴上不說，內心卻是悶悶不樂。章亞若在省高院上了一段時間的班，傳聞她遇上個色鬼上司劉副院長，一些流言蜚語傳到了唐英剛的耳裡，為此兩夫妻又吵了起來，這回吵得比以前激烈十倍，以致章亞若斬了自己的小手指，來向丈夫表清白。

不久，省高院院長魯師曾將唐英剛從南昌法院看守所，調任新建縣監獄當文書，一九三五年三月唐英剛在章亞若衣服內發現一封情書，被章奪出撕碎，唐家人判斷章出軌對象為院長魯師曾，兩人的吵架再次升級，到了不可調和的地步，章亞若索性回娘家，暫時與唐英剛分居。十二月中，兩人又起矛盾，章亞若稱平日「受辱虐待」，要求離婚，章父調解未果。十二月二十日，就傳出唐英剛的死訊。[1]

關於唐英剛的死因，當時國民黨辦的《東南日報》一九三五年十二月二十發自南昌的通訊，說他是憤妻棄舊服毒自殺，服毒地點南昌新旅社，留下四封遺書；稱章「在家似國王」、出軌事實「筆楮難宣」。同一天江西《民國日報》也以大半個版面刊登了這則消息，並將死者生前留的四封遺書發表出來，一時間滿城風雨。但章亞若自己的說法是，唐英剛是自己投井溺死的。還有人說，是章在和唐一起搭渡輪時，章推他下水的。

唐家指責章亞若不守婦道、謀殺親夫，將她扭送到拘留所。一九三六年初，唐家人狀告省高院院長魯師曾，爲此還牽扯出一段中華民國大陸時期著名的司法案件。當時剛從天津調來的檢察官張汝澄，新官上任三把火，著手調查此事，調查過程中發現種種證據，指向江西省高院院長魯師曾涉有重嫌，想爲唐英剛屈死的眞相伸冤，但魯是司法院院長居正的同鄉紅人，跟司法院首席檢察官林炳勛也私交甚密，林便百般阻止部下介入此案，調查的張汝澄突被指控嫖娼而移送懲戒。後來證實是有人刻意誣

1 見黃清龍著《門裡還是門外——從蔣經國日記再探孝嚴身世》。

告，目的爲掩飾魯師曾與章亞若的私情，而混淆視聽，國民政府「公務員懲戒委員會」最後對張做出了不懲戒的決議，但也順利轉移了「魯案」的焦點，讓該案就此不了了之。關於這段離奇的司法案件，二〇一七年十二月六日中共中央政法委的機關報《法制日報》，刊載的一篇由華東政法大學教授龔汝富發表的文章——〈民國中葉的司法亂象——一九三六年檢察官張汝澄被誣嫖娼案〉，有極爲詳盡的說明。[2]

而章亞若被羈押在監獄中，主審檢察官被抹黃誣陷，趁亂之中，居然出現一位將軍演出「英雄救美」來保她出獄！那就是黃埔一期的郭禮伯將軍，郭禮伯相救保她出來之後，章卻變成郭的情婦，將軍的女人。

據郭貽熹寫的《我的父親郭禮伯》一書描述，章亞若在南昌高等法院擔任文書工作時，和丈夫唐英剛生的兩個兒子由婆婆幫忙照顧，因此無後顧之憂。此時章只有二十歲出頭，打扮入時，穿著流行，敢於嘗試新鮮事物，經常活躍於南昌上流社交圈，「勵志社」正是她經常去吃飯、跳舞、看電影、游泳和結識新朋友的場所。郭禮伯也經常去勵志社旁邊游泳池游泳，郭章兩人就是在那裡認識的。

另外，曾兩度追隨蔣經國的李以劻將軍，一九九五年於《傳記文學》雜誌發表

2 同註1。

的專文也提到，郭禮伯當時是江西省國民軍訓處處長，掌管全省大學及中學軍事訓練工作，爲人溫和風流，熱愛文娛，在勵志社舞會及觀劇時認識章亞若。章亞若吸引郭禮伯的地方，除了她的聰明智慧、多才多藝和善解人意的手腕之外，章還會表演京劇，郭禮伯非常喜歡欣賞京劇，因此對她特別有好感。李以劻說，章亞若一個年輕女子，能爲郭禮伯所看中，主要不是貌美（章有一個略圓的臉，短下巴，有一稱呼她是「半截美人」），而是多才多藝，能文能詩，歌舞書畫皆行。

當章亞若因唐英剛案被唐家扭送法院後，郭禮伯關心的到拘留所探望，第一句話就問她：「究竟怎麼回事？是你做的嗎？」章說：「我發誓沒有謀害他，是他自己賭氣投井的。他個子那麼高大，我怎推得動他？但是唐家人不相信，硬說是我幹的，一定要置我於死地！」章還對郭禮伯發了毒誓。郭相信她的話，於是就出面和治安機關交涉，力保她獲得開釋出獄。郭禮伯當時官拜中將，又是「江西省國民軍事委員會」主任委員，還擔任「復興社」（又稱藍衣社，是民國時期的秘密組織）江西幹事會總幹事，以這個身份出面與法院和警察機關交涉章亞若開釋，自然是輕而易舉的。

郭禮伯在章遇到危難和生死交關時刻，對她伸出援手，令她感動萬分，她曾對郭說：「今生今世，跟著你，絕不後悔！」。後來就以秘書身份，成了郭的紅粉知己，開始他們前後近七年的交往。但郭畢竟是有家室的人，所以還得低調行事。爲了方便和隱蔽起見，郭就在南昌東湖自古有名的渡假勝地租了一間屋子，作爲兩人約會同居地，據郭禮伯回憶，時間從一九三四年到一九三九年，避居贛州將近五個年頭。李以劻文中也提到，郭納章爲「如夫人」後，金屋藏嬌於南昌百花洲附近。

但是紙終究包不住火，郭禮伯藏嬌之事，還是被夫人趙氏發現了，爲此家庭掀起風波。趙氏把章送給郭禮伯的書法和字畫全部撕毀，一說是章亞若直奔郭家，自己把牆上她畫的字畫撕毀，並在郭家大廳吵鬧。章亞若無非希望郭家能承認她在郭家的地位，但不爲強悍的郭夫人趙氏接受，於是家裡整日爲此爭吵不休，郭禮伯也很痛苦。李以劻文中說，一九三九年一月認識郭禮伯，曾去南康拜訪他多次，他親眼看到郭的妻妾爭吵，有時候章亞若和夫人趙氏打起來。郭大將軍卻噤若寒蟬，從不開口相勸，也不偏袒誰。

章亞若和郭禮伯在一起這幾年，卽使次次到郭家吵鬧，趙氏也不讓步，郭禮伯可以幫章亞若一家安頓住處，金錢上接濟她，卻是沒辦法給她要的名份。前一段傳統婚姻章亞若不滿意，鬧出緋聞，搞得丈夫唐英剛投井自盡。和郭將軍這一段感情，她想要個公開的名份，不要像個地下夫人，卻是被拒門外求之不得！

有一天郭禮伯接到電話上廬山見蔣委員長，蔣夫人宋美齡和蔣經國也在座。因爲蔣經國卽將到江西工作，蔣介石要郭禮伯協助指導蔣經國。郭不但是老蔣的黃埔一期學生，又帶過兵、打過仗，而且是江西人，比蔣經國還大幾歲。此後的數年間，從南昌到贛州，郭禮伯給予蔣經國許多教導和分享，蔣經國態度也很誠懇，一直都以「兄」相稱。郭蔣兩家人也經常互訪來往，因爲來往密切，蔣不但知道郭和章的關係，也幫郭保守秘密。據郭貽熹《我的父親郭禮伯》書上說，蔣經國在一九三七年到一九四〇年初，一直是以「大哥的女人」的態度對待章亞若。那麼章亞若是怎麼從「大哥的女人」，變成「蔣專員的女人」呢？

《我的父親郭禮伯》書裡郭禮伯回憶，一九三九年初，蔣介石要郭禮伯整編部隊，加入對日作戰，後來要他攜帶家眷，赴重慶進入軍政部。這次的調職意味著郭將要遠離江西相當長的時期，他不能帶章去重慶，和章五年多的情份似乎必須做一個交代。但如何替她在生活及安全上設法做個妥善的安排呢？根據黃清龍《門裡還是門外——從蔣經國日記再探孝嚴身世》一書的敍述，郭和蔣經國談起這事時，令他驚訝的是，蔣也察覺到他的處境，十分關切，主動提出願意代他照顧章的想法。郭禮伯於是找章亞若，建議由蔣經國來代他照顧她今後一切的構想，章一時表示不能接受，也相當的惶恐。章亞若的想法是，認識蔣也有一兩年了，大家都是好朋友，蔣的為人也不錯。如果到他那裡工作是沒什麼問題。但蔣也是有家室的人，是「太子」的身份，章不希望因為接受了他的「照顧」，而再一次重蹈涉入他人家庭的覆轍。

但是擺在面前的窘境使她痛苦難忍，郭又不能提出一個更合理的解決方案。在贛州，誰不知道她是「郭師長的年輕太太」，但是在南康趙氏卻容不了她，使她妾身未明。

另據李以劻的說法，他也曾受託於郭禮伯，向蔣經國報告，說明章亞若身世坎坷與多才多藝，郭師長即將要上前線，在南康家中妻妾之間勢難相處，如不把章亞若安排離家就業，恐妻妾之間會有互殺之慮，請蔣處長設法解救等情。蔣經國聽後即慨然允納，曰後你可帶她來見云云。於是一九三九年郭禮伯去了重慶「軍政部」任新職，蔣經國六月接贛南行政督察專員兼保安司令等新職，章亞若就到蔣的專署上班工作。據《我的父親郭禮伯》記敘，章在贛州專署擔任文書工作，一切還算平靜無事。蔣到重慶出差找郭禮伯時，言談當中也屢次提起對章的處境深表同情，並對她的才華出衆及善解人意格外欣賞，請郭放心，「他會好好照顧她的」。

章進一步到青幹班受訓的情形，徐浩然在《蔣經國章亞若在贛南的日子》中有一段介紹。「第一期青幹班報考熱烈，其中包括大專院校畢業的流亡學生、中央軍校三分校選派的學生，加上從贛州各中學和其他各縣選拔來的同學」。所以學生挑選相當嚴格。但章亞若只有初中學歷，蔣破格讓她進入青幹班，還提拔她擔任專員助理秘書。蔣經國每週一次聽取民怨、接見民眾的細節安排，就是由章亞若負責。除了伴隨專員打理大小瑣事，章亞若隨蔣經國下鄉時還兼做「記者」工作。她將蔣專員關切民瘼、地方建設的言行詳細地記載，返回贛州後撰成稿件，交給《正氣日報》發表。兩人因爲互動頻繁，感情就快速發展。

章亞若這位有豐富情史的女子，是怎麼抓住蔣經國的心？徐浩然書上另有一段描述，有一天，青幹班星期天休假，教職員工和同學們都進贛州城玩耍或會親友去了，只有蔣經國留下來備課，爲下星期給同學們講如何做個建設新贛南的好幹部，而搜腸刮肚、奮筆疾書。到吃中飯時，一邊嚼餅乾一邊寫的時候，卻意外地看到章亞若端著酒菜進來了。他心裡一熱，頓覺整間小臥室兼書房都暖融融的。天氣有些冷了，章亞若揭開兩碗保溫的蓋碗，便覺一陣濃香撲鼻而來！「好菜！蔥花炒雞蛋，紅燒狗肉！」都是他最喜歡吃的，招得他滿口生津，食欲湧動。

「你怎麼沒回家去休假？」蔣經國冒出一句連他自己都覺得多餘卻又不能不問的話。章亞若回答了幾句便要他趕快趁熱吃，又爲他開瓶倒酒。他也就不客氣地吃喝起來，還要章亞若和他一起吃。那樣子就像他與章亞若在小餐館約會、共進午餐似的。章亞若說已吃過了，要他快吃，狗肉冷了就會變味。

這個狗肉美食可是方良做不來的，他開心地邊吃邊和章亞若說了一些「閒話」，便情眞意切、開門見山地首次向她表露了心跡。他滿以爲章亞若會接受會答應，卻不料引起了她對往事的哀痛，遭到她的婉拒。在失望、不解和自愧有些冒失中，他也爲她的忠貞和不屑「攀龍附鳳」而感動。

蔣經國母親遭日軍轟炸身亡，他赴溪口奔喪回到贛州，已是一九四〇年元月中旬。他在贛州工作的一些親戚和下屬便在贛州專員公署小禮堂，爲他母親設了個靈堂，以供各機關學校前來憑弔之用。挽聯、挽幛、花圈悼念詩詞和幛儀等，擺滿了整個小禮堂。頭幾天來憑弔的絡繹不絕，大家滿臉沉痛和憤慨，在留言簿上表示，要向日寇討還血債！蔣經國守在靈前一一還禮。

幾天後，三青團江西支團部和專署辦公室人員，還在江西青年湖禮堂內舉行了一次盛大追悼會，有一千餘人參加。其中包括贛州的黨政軍和士農工商代表。徐浩然說，經過此次奔喪和悼念母親的活動，蔣經國在百姓中的影響力更大了，在青年中的偶像地位更高了，因而追求他的漂亮女大學生更加如痴如迷了。然而，他心中想的，卻依然只有章亞若。他打聽到章亞若過去婚姻的不幸，又燃旺了對她的愛情之火，決定對她繼續展開追求。

徐浩然當時擔任贛州城區區長，掌管五鎮兩鄉政務，章亞若伴隨母親周錦華一家三代住在他的管轄區內，蔣專員來往于章家更是他或明或暗要小心侍候的。因此，徐浩然瞭解他倆的暗戀私情比較早，也比較多些，但卻不敢有絲毫外洩。他深知有青年楷模之譽的蔣專員，在贛州歷練後是要遷往重慶任高職、做大事的，他已有俄籍夫人，發生婚外戀情是非同一般的。倘若從他口中傳開去，損害了專員聲譽，追查下來不僅會送掉他的錦鏽前程，恐怕連性命也會賠上，所以他沉默是金！

從徐浩然的觀察，一九四〇年蔣經國持續積極在追求章亞若，這個情感走私，從蔣經國日記裡也看到，已經造成他和蔣方良的情感生變，吵架衝突屢屢發生，方良甚至獨自回去奉化居住近一個月。經國哀痛母逝，覺得人生空虛乏味，好像自己是無巢的孤鳥，他任性的說「沒有人能使他快樂，他也不想快樂！」又說「他只想得到眞愛！」，種種情緒哀怨，是哀傷母逝，彷彿也是追求思慕異性，情感起伏的心理寫照。

漆高儒的《蔣經國評傳——我是台灣人》一書，對於蔣章愛情的描寫，更是明白：「有一次公署下班了，蔣經國要走時忽然對我說：『漆秘書，我們到章亞若家中去吃晚飯。』經過一條小巷，到了章亞若住處，蔣經國便坐上臥床，斜倚著床頭休息。當時，我就覺得有點不尋常。及看室內書桌，玻璃板下面壓有多張照片，有些是我未曾見過的，顯見他們的關係已非一般情況。我坐在桌旁看照片，蔣經國在小憩，章亞若忙著在外面佈置吃晚飯的事。不久，吃飯了，一鍋牛雜香噴噴的，章亞若知道這是蔣經國最喜愛的上品，蔣經國連吃了好幾碗」。

晚飯後，章亞若還請來了一位巫婆，頭頂竹簍，邀鬼神講話，蔣經國想請的當然是他的母親。經國和生母在回國後相處兩年多，母親便慘死於日機轟炸之下。蔣經國哀痛逾恆，思念生母自然不在話下。章亞若找巫婆代替蔣母講話，眞是抓住經國的內心需要了。章亞若安排的巫婆，口中不斷唸唸有詞，透過章亞若轉述出來，章亞若還隨著蔣經國的呼喊，一再跟著叫「母親，母親！」漆高儒說，正常的男長官女部屬是不會有此一幕的。巫婆走了，章亞若送走經國時，由她含情脈脈的眼神中，說明了他們的確早已「兩情相屬」了。

另外李以劻在《兩度相隨蔣經國的經過及見聞紀實》文章中則生動的提到：「她與經國如何發生曖昧，我不大瞭解，我思想上從沒有想到『蔣太子』『蔣青天』之尊可能愛上她，直至後來才聽到蔣、章戀情的片斷。據內子後來告訴我，她的胞姊丘文輝在贛州鹽務督運處工作（處長即蔣經國），當時和章亞若成爲知交密友，無話不談。據說章亞若和經國聚會時，多在下午五時後，並通知女友不可到她家探她」。

章亞若住在鎮台衙門附近的米汁巷，蔣經國下班回家前或自駕車或徒步來她家。「有一次內子隨其姊往訪亞若，時間大約下午四時後，抵她家時，屋內闃然無人，其姊直趨亞若臥室，推門而入，亞若從床上起身，見她身穿緊身胸圍外披一件透明薄紗上衣，很清晰地看到內裡淺紅色的胸圍，下穿一條短至膝邊的緊身短褲，有一陣清新的香水味，亞若笑咪咪地向其姊說：『他就要來了，妳下次再來吧！』兩人相視一笑而別，急奔到大街後，方緩步喘息。其姊因每日上班時，有時與蔣處長見面，並互打招呼，蔣非常客氣，平易近人，因此深恐在此場合遇見，實在非常尷尬」。

章亞若果然是情感經驗豐富的女人，懂得體貼蔣經國並投其所好，上品狗肉、牛雜、薄紗、香水……，還有中國民間習俗裡的巫婆靈媒，爲經國招來思念不已的母親。這些手法來自俄羅斯的方良當然不會，章亞若已經佔上風抓住蔣經國的心。比較之下，難怪蔣經國會在日記上說：「方妻無論她對我如何，但總是不瞭解我的，有時候不但得不到安慰，而且還要受氣」。從俄羅斯來的方良，遇上她婚姻裡的超級風暴了！

一九四〇年底，蔣經國回到奉化，返鄉祭拜母親逝世周年忌日。十二月六日日記記載：「火車三時三十分卽抵金華站，當卽上汽車返溪口，從前當我有機會返家的時候，心中總是非常快樂的，可是自去年十二月一行之後，就不但不覺得快樂，而且感到無限悲傷，這一次是我母殉難之後第二次返家，想起我母已不在世，安眠於摩訶殿的大樹之下。上午十時就到了溪口，就先到摩訶殿去拜我母之靈，痛哭！唉，倘使我母在世將如何快樂耶，母親大人，知汝愛兒愛孫已回家呼？唉！一切都沒有了明確，都失了意義」。

第二十幕

蔣章愛情浮上檯面，關鍵日記失蹤甚多

一九四一年蔣經國日記出現了極大的異常現象，其中缺頁非常多，有些還有撕不乾淨，在夾頁中間留下鋸齒狀的小紙頭，顯示原來是有寫日記，後來被撕去的。以當年蔣經國寫日記之勤快，少有缺漏的情況，這實屬蹊蹺，然而，是蔣經國自己撕的，還是過世後，看到日記的家人撕的，或者兩者都有？已無從追索。一九四一年正是蔣章陷入熱戀，章亞若逐漸而密集出現在蔣日記裡，而蔣經國和蔣方良情感齟齬加深，較一九四〇年更嚴重，多次出現激動吵架的場景，日記卻出現人爲的 pages missing。

從胡佛檔案館的備註顯示，一九四一年日記的 pages missing（缺頁）如下：

三月：十～十一日
六月：一～二日，九～十二日，二十七～二十八日
七月：十三日，十六～十九日，二十四～二十五日
八月：三～六日，十日，十五～二十二日，二十七～三十日
九月：七日，十二～十五日，二十一～二十三日
十月：三～四日，二十三～三十日
十一月：六～七日，十四～十五日
十二月：七～十三日

令人驚訝而耐人尋味的是，蔣經國在一九五四年自己「發現」了一九四一、一九四二年日記有缺頁被偷撕的狀況，就在一九四一這年日記的開頭摺頁裡，用較爲粗大的毛筆字補記如下：「翻看舊日記發現三十年（一九四一）與三十一年（一九四二）之日記被人偷撕甚多，實爲奇事，可能於三十八年侍父至馬公時被偷，因抗戰期間日記六本當時曾帶在身邊，置於一箱中並未加鎖，且曾有一次奉命赴廈門公差，離馬公寓所有二

天之久，想必於此時被偷，雖已不記得其中所記爲何事，但決無愧心事，故於心亦甚安也。經國四十三年（一九五四）十月九日／台北」。

這是一九五四年蔣經國來到台灣之後沒幾年，「發現」日記缺頁甚多，自己在日記上補記的說明。但這會不會是欲蓋彌彰？其實是他自己動手腳的？

一九四一、一九四二這兩年失蹤的日記扉頁非常關鍵，對照起來都是蔣經國和章亞若戀愛，和方良感情生波，章亞若懷孕、生子、死亡相關的關鍵時刻。是蔣經國當時最快樂、最悲傷，最刻骨銘心之時。但十餘年後，他卻對於日記被偷撕表現得很平靜，表示「不記得其中所記爲何事」，且他認爲其中決無愧心事，所以感到很心安。

然而，關鍵時刻日記雖然被撕去甚多，我們還是在一九四一年的日記裡找到不少他遺落的情感軌跡，串起這一年發生的重大事件。

從年初開始，蔣經國在日記裡卽不掩飾的，寫著章亞若的名字，還有他暱稱章亞若的慧弟、雲弟、慧雲弟等稱呼。

一九四一年三月十六日日記寫下：「十時許在王制剛家中與亞若同志作棋戰，亞若同志甚聰明能幹，大有造就之望，下午到勵志社拜望楊監察使，晚間參加青年聯誼會，該會之組織與內容甚佳，青年朋友們都很興奮」。

三月三十日則寫著：「早晨同文兒章女在床上玩，這是我私生活中最快樂之時，亦甚難得。下午同方妻到梨莞背休息，近來自己感覺到身體一天不如一天，甚憂。慧雲弟聰明可愛，想念不已，感情之力量大矣！」

這段時間，蔣經國經常找章亞若、王制剛討論青年團事務，休假日不見章亞若就覺得想念不已，四月六日就寫著：「每至休息之日，卽自覺精神無寄託之處，心甚不定。近來甚念慧弟之身體與生活，對其時時不忘在心，以不能同慧弟見面爲痛苦，下午約王制剛視察施粥場並順道到章科員家中閒談」。

這時的蔣經國已經深陷情網，甚至覺得制剛、亞若諸弟對待他比親人還好。四月二十四日日記寫道：「昨今二日勞與疾俱，病與愁併，痛苦不堪。回憶往日在家生病，慈母對兒恩愛之深之切，更覺悲傷。今日慈母罹難，家鄉淪陷，而我則未能達到報國復仇之目的，愈想愈覺自愧而且無能。病臥在床，想念父親大人甚切，總之念親思鄉悲痛無已。制剛、亞若諸弟待我之切，深過於親戚，甚爲感動」。移情別戀的蔣經國，覺得章亞若的關懷很受用，很感動。蔣經國渴望的愛意和期盼的安慰原來是來自章亞若，自承感情之力量大矣！這時和明月一樣可愛的方良，再怎麼努力，也是無關緊要了！

接著四月二十五日，日記寫道：「家鄉失守心中甚悲。亞若寫了一篇文章，寫得很好」。

五月十一日又稱讚慧弟：「這次運動會（建設新贛南運動會）的意義確是非常之大，我今天可以說贛南的民衆確是起來了！慧弟近來甚有進步，心中甚樂」。

五月十五日蔣方良生日，蔣經國僅送了一本《冰天雪地》的書給她，日記簡短記載「今日是方的生日，回憶過去之艱難生活及前顧來日，送了一本《冰天雪地》給她做紀念」。眞的很冷。

如前所述六月一、二日，六月九日至十二日，頁面失蹤很多，原因不明。

到了六月十三日，則看到一段眞心表白，蔣經國說他愛章亞若是出於至誠的，但是因爲環境的關係，只有對不起她。「最近來除了雲弟有時對於我的言論行動，肯加以批評外，再無第二人矣，總之我應當反省自己的錯誤，樂意接受人家的批評，否則失敗卽在目前矣。我愛慧弟出於至誠、發於內心，但是因爲環境關係，有許多對不住他的地方，我問心有愧，不知其能諒我之苦心乎？」。

接著六月十六日有一則關鍵日記，從日記裡得知章亞若離開他，她告訴蔣經國，要去看她母親：「雲弟下鄉與慈母同居，而回想我自己，母愛之不可復得，又感痛苦，處處都是苦」。

而且章離開很長一段時間，直到七月都還沒有回來，他一直在相思章亞若。心裡問著，亞若到底在哪裡？在忙什麼？真的是回去陪伴慈母嗎？為何不能留在他身邊呢？

七月六日，盼不到章亞若回來，蔣經國苦悶的說：「天氣甚熱甚悶，心中亦煩悶非常，在公在私皆有說不盡之苦，如慧弟能常時見面則定能解悶，我不想名利祉想有自由呼吸，自由做人之可能，我時時想及田間及工廠中生活之快樂自由，官場中之汙濁虛偽已使我再不能忍受矣」。

七月十二日，章亞若還是沒有回來，蔣經國垂頭喪氣地說，環境既然如此，只有祝雲弟幸福快樂了。「最近或因工作過多甚覺疲倦，精神亦覺苦悶，實有非休養不可之感，近來無時不在想念雲弟，天下之事實在太不公道，為何不能使我滿足此小要求，雲弟如能同我在一起，則工作效力定可增加數倍，環境既然如此，惟有望雲弟幸福快樂」。

就在蔣經國無時不在想念雲弟，抱怨天下之事太不公平，爲何不能滿足他和亞若在一起的小小要求時，我們卻在其他書上找到章亞若的足跡。

彷彿時空穿越劇般，一九四一年六、七月間，蔣經國在日記裡抱怨章亞若不在身邊，十分苦悶，十分想念，幾十年後郭禮伯口述傳記，卻能呼應尚未公開的蔣日記，明確的說出，那段時間「她跟我在一起」。

一九七八年郭禮伯病中口述一生情史，郭禮伯和章亞若自一九三四年在南昌「勵志社」相識、相戀，轉眼已經將近五個年頭。到了一九三九年郭禮伯奉派去重慶任新職，郭、章因此分手年餘沒有聯絡。郭和章的下一次會面是在一九四一年五月之間。那時郭剛結束重慶「中央訓練團」訓練任務，蔣介石要郭去接任「政治大學」軍訓總教官。因政大正值暑假期間，距離開學還有三個月，因此郭禮伯就返回南康老家一趟，並且和一年多沒見面的章亞若相聚。也就是一九四一年五月到下次出任務的七月之間，章亞若有來和郭禮伯在一起。

到了七月，郭再接到蔣介石任命他接第九戰區一九四師師長。接任師長表示又要遠行。在郭與章的一次告別中，章亞若竟向郭禮伯透露她懷孕的消息！驚訝之餘郭問她，

「是誰的孩子？」，她說：「還有誰的？當然是你的！」郭又問：「懷了多久了？」她說：「不確定，可能一兩個月了。」郭禮伯算算日子，應該是五月他剛從重慶回來的日子懷上的，現在是七月（一九四一年），不就是一兩個月了？郭又問章：「妳還告訴了誰？」她說：「誰都沒講，只有你知道。」郭禮伯已經聽蔣經國說起他對章動了眞情，也不敢確定章懷的究竟是誰的孩子。在經過了一番考慮之後，郭就建議章，等一兩個月，八、九月再告訴蔣懷孕了。到明年三月懷胎足月生產時，對外就說孩子是七個月早產。這樣一來，萬一是郭家的，就讓蔣認定是他的孩子。因爲孩子姓蔣會比姓郭好，對章將來的幸福和身份也比較有保障。

這段郭禮伯口述回憶透露了重大的訊息，這年蔣經國六月至七月日記經常寫下想念不在身邊的章亞若，寂寞苦悶時，章亞若應該是以陪伴母親爲由，偷偷跑去私會從重慶回來的郭禮伯。不僅跟郭在一起，還懷孕了！

而因爲章有這段腳踏兩條船，和郭、蔣重疊交往的狀況，使得她生下的雙胞胎到底是誰的骨肉，姓蔣？姓郭？日後引發外界猜測，至今成爲世紀之謎！

章亞若果然依照郭的安排，在郭禮伯離開贛州，前往浙江就職後，就回到蔣經國身邊，於八、九月之間藉著游泳時，將自己懷孕的消息告訴蔣經國。蔣得知章懷孕後，自然萬分高興，並將此消息轉告了郭禮伯，但他並不知郭有向章亞若獻策這一段。

一九四一年八月蔣日記缺漏甚多，加總起來竟有十六天的日記不見了，這極不尋常，而這個月是非常關鍵的時刻，蔣經國終於盼到章亞若回來了。亞若回來，他與方良感情也幾乎到了決裂時刻，他怪方良冷淡刻薄，說到「前途如何亦難料」，似乎就要跟方良攤牌了。

八月七日日記：「明月又圓，人生在世曾有幾次可觀月之圓也，最近又因心中煩悶不堪，深夜對天長嘆。方良對我之冷淡刻薄無可再忍矣，每天辛苦返家不但不能得到安慰，而且日日受氣，受人之苦固不可免，而又何必去自尋苦吃耶，再三思之，惟有以命苦二字而自慰之」。

八月三十一日，他又怪方良之性情強硬，不能得到安慰，似乎沒有思考他外遇章亞若可能造成的影響。日記上說：「先母之墓舍家鄉之山水皆在想念之中，愈想愈悲痛，又因方良之性情強硬，不但不能得到家庭之安慰，並且時常受氣，亦想同樣的強硬起來，可是為顧到家庭之幸福，又不得不忍受一切，但是總非根本辦法，前途如何亦難料」。

一九四一年九月，日記又缺了八天，這是蔣、章和方良感情生變的月份。蔣經國得知章亞若懷孕訊息，到重慶找父親報告「喜訊」，並在內外壓力之下，準備送章亞若遠赴桂林待產之時。

據《我的父親郭禮伯》書中寫到，蔣知道章懷孕之後高興萬分，但他也開始擔心，此時章的懷孕會給他的家庭和事業帶來極大的衝擊，必須設法解決這個棘手問題。蔣也需要時間去重慶親自向父親報告解釋這一切，並請求父親的諒解和支持。蔣介石是個嚴父，自兒子從蘇聯回國四年以來，一直在不停培養、磨練他，希望將來他能擔當大任。但蔣經國猜想，知子莫若父，況且在婚姻和女人方面，他父親也是過來人，經驗豐富，在此關鍵時刻，一定可以給自己支持並指點迷津，走出一條解決之道。

但據徐浩然《蔣經國章亞若在贛南的日子》一書中提到，蔣經國在一九四一年夏天游泳時，發現章亞若懷孕在身，他欣喜萬分。章要他去重慶，向老先生報喜，並懇請同意完婚，正式結爲夫妻。蔣經國點頭，打包票一定能辦成。不料，蔣介石劈頭卻對他臭罵一頓，責備蔣經國辜負在蘇聯同甘共苦的蔣方良，據徐書中所說，蔣介石甚至還丟了一本情報單位給他的章亞若情史資料，要他自己看。而傳聞中，蔣方良也爲了蔣經國外遇，曾向蔣介石告狀。甚至蔣方良還表示要離婚，回去蘇聯依靠姊姊，只是蔣家不同意，要她留下孩子，才能回蘇聯。

蔣經國由父親身邊回來，只能告訴章亞若，其父之意暫不宜辦婚事，怕政敵借此大做文章，不利前程發展，要章去一個僻靜地方待產，先把孩子生下來看情形再定。

於是蔣經國決定將章亞若送到廣西桂林待產。除了讓章亞若同學桂輝一同去桂林陪同照顧外，也請他的部屬王制剛一路護送，並請好友廣西省政府民政廳長邱昌渭夫婦，就近照料章。

第二十一幕

章亞若避居桂林待產

得知章亞若懷孕，蔣經國即將送她到桂林待產。這時不知是否內外壓力眞的很大，他又說要保持坦白純潔之心，要跟方良到郊區靜一靜，想必他的內心充滿矛盾。

九月三日日記上說：「早已想有一、二天之時間離開贛城在鄉間靜養數日，使心能得一機會靜定下來，但是總因公事之忙未能如願，今日下最大之決心同方良同來梨芫背保育院休息，此間風景甚美，且有無數之天眞兒童，到此之後感覺到了另一世界，身心一快。我願意永遠保持純潔之天性，我願意永遠生活於坦白之環境中，但情不可多得。不管環境之如何惡劣，必保存天眞之赤心，則我足矣，在野外散步遊戲，快活至極」。

隨之日記的上星期反省錄，又憂心記下擔心章亞若生病：「貧民院落成，游民教養院開始收容游民，此二事實足慰我之心，慧雲弟之病甚重，此足憂我之心」。

九月十九日關鍵日記提到章亞若卽將遠行，準備去桂林待產了：「亞若將遠行，三年來同事一旦離別心中依依！」推算起來章亞若是九月二十二日出發赴桂林。送章亞若到桂林之後，蔣經國對她便無時不在想念，連作夢也夢到，一個星期未見來電信就擔心不已！

九月二十五日寫下：「近日心甚不安，自慧離贛之後無時無刻不在想念之中，卽在夢中亦常見之，由此更覺感情作用之大。慧恐已到桂林，但尚未見電信更覺不安矣！」幾天後又記：「慧離贛已有一星期無信無音，心中甚感不安，但相信慧決不致忘我，今天更信『快樂卽痛苦，病苦卽快樂』，實是鋼言鐵語」。

十月蔣的日記仍有大量缺頁，有十天之日記遺失！但仍可見到對章亞若到桂林的思念和不放心。他等不到來信覺得很痛苦，說慧弟應該不至於忘記他吧，顯得很沒信心。

十月一日記下：「慧弟將走之時甚覺痛苦，走後更覺痛苦，而至今未接音信更加痛苦，但我堅信慧弟無論如何不致忘我，只有以此而自慰之」。

十月七日已經離開半個月的章亞若終於寫信來了：「接慧弟來信知已遷入臨桂路，

心稍安」。臨桂路應該是暫時的住所，據周玉蔻《蔣經國與章亞若》一書所說，最後章住在麗獅路的房子，是邱昌渭廳長向一位在廣西大學執教的陳姓教授分租來的。

整個十月蔣經國可以說一顆心是懸在章亞若身上，互通信郵，深情款款。而另一方面日記同時顯示，他對方良感情已經淡陌，竟覺得他始終不了解方良。十月十二日他說：「近來數夜每從夢中驚醒未能安睡，所以精神不振。同方良共同生活已六年有餘，但是對其性情始終未能瞭解，且其對我亦不肯諒解，每念及此心內無任難過，前途如何結局實難設想，對此終身大事遲早總應得一合理之解決，否則面笑而心不笑，非長久計也」。顯然懷孕的章亞若已經占據蔣經國的心，他想要跟方良提一個「解決之道」了。

十一月章亞若來信說她病了，使經國整個月又在擔心慧弟的病，沒有寫到方良隻言片語。

九日記下：「自從前天得知慧弟有病的消息之後，無時不在念中，惟望其早日痊癒矣」。

十一日寫著：「上午下雨心中甚煩悶，無時不以慧病爲念」。

十二日還是很擔憂：「自得知慧弟有病後，無時不在想念之中，目前病在家中乎？

病在醫院乎？但我自信慧弟絕對不會久病，因爲慧弟的心是善良，這種看法或者似乎迷信，但心中確是這樣想，同時亦這樣絕對自信」。

十六日記下：「上午六時同青年團工作人員赴梨莞背旅行，大家的精神很好，不過我總因慧之不在贛，心中甚煩悶，昨日接慧來信，知其身體尚好心稍安，但是無論如何總是不放心」。在那個通訊不便，沒有手機，不能自拍傳輸影像的年代，送章亞若遠赴桂林生產，應該是內外環境所逼，蔣經國思念不已，對他簡直是折磨。

幾天後日記又寫：「今日忽接慧來信，說我爲何不寫信給她，正是怨枉我，我前後已去三信不知爲何尚未收到，我怪她不寫信給我，她怪我不寫信給她，都是愛情太切，思念過深之故，相信現在慧已得到安慰矣，『無時不念』之意，今已親嘗此味矣，望我慧永遠健康」。

由於思念太過，這期間蔣經國會秘密前往桂林，據黃清龍《門裡還是門外》一書描述，蔣經國會帶著孕婦所需的營養補品來看望章亞若。他都是化了妝坐他的專用「皮而克」小臥車來的。車還未到麗獅路他就叫停住，交待司機和隨扈去住旅館，自己步行數百米去會章亞若。一九四一年農曆新年前夕那次到桂林，蔣還在那裡待到過完新年才離開。這次的相會，像正式夫妻一般，令章亞若好欣慰。蔣經國按浙江老家風俗，給章亞若帶來了孕婦必吃的人蔘、桂圓，說孕婦吃了身體好，胎兒生下會很聰明，將來大出息，章亞若聽了更高興。

時間來到一九四二年，這是蔣章愛情由喜轉爲悲劇時刻，關鍵日記仍被大量缺頁（Pages Missing），對照起來都是重要時刻：分別爲三月章亞若生下雙胞胎，他心中喜極，去桂林探望時。五月抽空到桂林探望雙生子之後，以及八月章亞若猝逝，極度哀傷之時，日記都大量失蹤。蔣經國一九五四年也註記一九四二這年「日記被偷撕甚多」。疑似他一九五四年回看日記，自己撕去，或後人看過日記，撕去覺得不妥之扉頁。但這一頁想要翻過去，卻不容易，仍然留下許多走過的痕跡。

一九四二年初，蔣經國還是掛念在桂林待產的章亞若，如果從前一年八、九月算起，章亞若也懷孕快半年了，經國心神不寧，脾氣變得不好，首次在日記裡寫到對頑皮的女兒生氣。他想對方良說清楚講明白，但一開口卽引起方良的怒氣，沒辦法說下去。

一月十日：「昨夜腳骨發痛未能入眠，半夜見家人熟睡，無同情者亦無安慰者，而且有人好像還因我呼痛聲妨害其睡眠而生討厭之心，當時念父母之心更切不覺淚下。早晨起身又見章女異常頑皮，當時甚怒，總之天天工作本已疲倦萬分，而又因在家精神之感到痛苦，所以苦極」。

一月十三日記下：「本想將一年來想講而未講之話告於方良，但一開口卽引起其怒氣，究竟不知誰是誰非，見之心痛，我爲家庭之幸福始終讓步，但不知要忍至何時，在公未能得人之諒解，在私不但不能得到安慰而且反受痛苦，思之心痛至極，我命苦何至此之極耶」。

接下來日記還是無限想念慧弟。

一月十五日記下：「人雖在外，但無時不以慧弟爲念」。

一月二十八日又寫著：「下午在山村中散步，靜思，想念父母及慧弟之心甚切」。

二月二十四日他說：「在家中爲顧及事之大體又不得不向方良妥洽，心中之苦悶無一人可相告，精神上之傷痛勝於肉體之傷。我與方良今後表面或可和好，但心中必將不樂，亦祇有我一人知之，兩人關係總有一日將發生破裂，所憂者乃文章兒女之前途幸福」。

隨著在桂林的章亞若肚子越大，蔣經國焦慮更深，竟然說和方良兩人關係總有一日「將發生破裂」，唯一放心不下的，是一雙兒女的未來幸福。

這一、二年蔣經國日記清楚烙下他外遇的軌跡，和章亞若愛戀加深，對他和方良這個小家庭的破壞力就加大。意亂情迷，加上章亞若懷孕了，已經使他和方良的婚姻搖搖欲墜，這時旁人恐怕也很難勸住了。

一九四二年三月一日，章亞若在桂林生下兩個「不足月」的雙胞胎兒子，一切似乎都和郭禮伯當初爲章亞若計算的時程，若合符節。章在前一年五月就懷孕，到了隔年三月剛好是足月生產，但章對外和對蔣經國都說，孩子是「七個月早產」。章亞若立刻將生下雙胞胎的喜訊，告訴母親以及她口中的「阿哥」蔣經國。

一九四二年三月六日蔣經國日記欣喜的記載：

「接電報知亞若生二男，心中喜極！」

這個喜訊讓蔣經國很興奮。日記上他說，計畫「赴渝拜望父親大人」。

三月二十三日：他先趕往桂林探望章亞若母子「晨抵衡，晚抵桂」。知道章亞若生了雙生子，徐浩然書上寫到，蔣經國先在母親遺像前稟告老人家九泉安息，終於有一對純中國血統的後代，他高興得淚水直流。然後，他找了個機會，帶著美國製造的克寧奶粉趕往桂林探望兒子。不過，看過雙胞胎之後兩天的日記又消失了。（Pages Missing）。

幾天後三月二十七日他依計畫從桂林飛往重慶拜見父親蔣介石。「七時十分由桂乘歐亞機起飛，十時四十分平安抵渝，當即拜見父親大人」。

章亞若順利生下雙胞胎後，不久蔣經國即有這一趟赴重慶之旅，但是否向父親提到章亞若產子，蔣介石的反應如何？是否同意章和孩子進入蔣家？留下來的日記沒有看到，猜想應該是寫在失蹤的頁面裡。

一九四二年四月份，蔣經國隨父親考察大西北。至五月七日才又寫到：「私則想念妻兒之心甚切」（這裡妻兒指的應該是章亞若和雙胞胎）。

五月二十七日：「在桂林車中遇贛南參觀團，此行之意義甚大」。蔣經國藉著出差之便，再度到桂林探望亞若母子，看過之後五月二十八、二十九兩天日記再度缺頁失蹤。判斷應該是寫看到亞若和雙生子的快樂之情，或許還和章討論到三月赴重慶拜見父親，父親對雙胞胎暫不進入蔣家的看法。

五月間章亞若寫信給在桂林照顧他們母子的小蔣舊部桂昌宗，表示雙生子遲遲沒有歸宗，內心的痛苦已到了極點。桂昌宗將這封信轉給蔣經國。在贛南的小蔣讀到此信後，曾於六月四日日記記下：「近來深感人間痛苦者多矣。讀亞若致昌宗信，知其內心痛苦已至極點，有不安之深感。數日來自晨至夜晚，無暇休息，只有與文章兒女遊戲以解悶。」

第二十二幕

章亞若求不得苦的一生

眼見孩子日漸長大，章亞若對於名份的問題日漸焦急。可以說是步步緊逼，多方傳遞訊息，希望兒子能夠進入蔣家門內。或許是之前有進不了郭家門的經驗，讓章亞若備感不安。

據漆高儒《蔣經國評傳》記載：當我們參觀團到達桂林後，章亞若來旅館與我們相見，她偷偷的告訴徐季元秘書和我，她已經生下專員的孩子，不但一舉得男，而且雙雄並秀，她很高興，歡喜溢於眉宇之間；不過也有一句感嘆的話，說她是一個「黑市夫人」。

徐浩然書上也說，孿生子快半歲時，章亞若催促蔣經國爲這兩個寶寶取學名，並重提正名份的事。蔣說，按風俗得請他父親取名；進蔣家門譜是天經地義的事；遵族譜小寶寶屬孝字輩。蔣經國這些話，讓章亞若激動了好些天，覺得眼前一片光明，暗戀已成過去。哪知道蔣經國從父親那裡帶來的，僅有孝字輩的名，取名孝嚴、孝慈，卻無蔣門的姓，蔣父定下的是從母姓章。這使她十分難過，萬分委屈，爲自己、更爲兩個孿生子難過，蔣也十分內疚。

徐浩然書上還提到一段，蔣經國覺得這樣讓章亞若和孝嚴孝慈受此委屈，太對不起他們了。因此，他心情很沉重、難過，他想，反正老母親已仙逝，沒有牽掛了，不如帶著亞若母子和方良、孝文、孝章，遠走高飛，到一個誰也不認識他們，誰也不知道他們是誰，管不了他與章亞若結合的地方去。比如南美洲或西歐什麼地方，像是巴西、瑞士，連「蔣經國」三個字也不要了。他把這些想法對亞若說了，章亞若聽了很受感動，但卻提醒他，此說不可爲。「一則你母親被日機轟炸罹難，國仇家恨未報，如離去，怎麼對得起你娘在天之靈呢？二則，你留蘇十幾年，學的是爲國爲民從政之道，你來贛南抱負還未完成，如果走了，就是你從政失敗，讓贛南百姓失望，那在我心裡，會比孿生兒沒有蔣家名份還傷心，還難過，還難以承受！」章亞若一席話，說得他不知怎麼辦才好，他實在忍受不了亞若和孿生寶寶受如此委屈和不公，恨自己軟弱才造成這種情況！他痛苦得哭了起來！

看來章亞若是成熟多了，趕快用國仇家恨勸下蔣經國，否則他一衝動離開中國，放棄「蔣經國」姓名，就什麼都不是了！

馬克・奧尼爾的書上則提到，章亞若是受過教育的現代女性，不甘做一個默守家園的主婦。桂林有許多外國人（特別是美國人），不少外國組織、機構因爲原來開展活動的城市已陷入日軍手中，紛紛西遷，好些在桂林落腳。章亞若開始跟他們學英文。傳聞如果進不了蔣家之門，她打算去外國謀生，養育她的兩個孩子。

如果上面徐浩然、馬克兩書中的描述是事實，那麼蔣經國是否太執迷這段感情而不顧現實了，他從蘇聯返國之後，是父親蔣介石唯一培養的接班人，如果爲了章亞若母子要遠走他鄉，隱姓埋名，豈不是壞了蔣介石的接班大計。看來章亞若確實會影響蔣介石獨子蔣經國的前程，不僅是經國的婚姻幸福，還有黨國發展的計畫，是不是因此而埋下殺機呢？

就在章亞若不斷給蔣經國壓力，積極要完成雙生子姓蔣的目標，和爲自己掙得蔣家名份時，危機已經四伏！

一九四一年七月郭禮伯告別了章亞若回到前線，率領一九四師南征北討，期間郭和章幾乎完全失去了聯絡，只偶爾接到蔣經國的訊息，知道一九四二年三月章在桂林順利生產。突然在一九四二年夏天，有一天郭接到蔣經國從贛州打來的電話，好像方良已經發現了蔣和章戀情，而且還知道章替蔣生下了一對雙胞胎，並在桂林招搖得意，到處以蔣夫人自居，讓方良顏面掃地，忍無可忍。蔣方良並嚴重警告蔣，一定要立刻解決問題，否則要他爲一切後果負責。

另一方面，蔣還提到章要求在名份上給她一個交代，蔣對此憂慮萬分，不知如何應付。郭聽出蔣的口氣極爲沮喪、徬徨、自責，並非常憂慮章及一對兒子在桂林的安危。他問郭「該怎麼辦？」郭禮伯也極爲關切地回答：「這事鬧大了不好，務必要亞若低調行事，在安全上加強防範，避免讓人傷害了亞若和孩子。必要時，不妨將亞若及孩子再遷移他處。」蔣好像知道將有事要發生，但無法阻止。甚至有一種風聲傳到他耳裡，要小蔣選擇留母還是留子，蔣感到很惶恐，章和孩子都是他的至愛，不希望任一方受到傷害。而郭禮伯內心忐忑，奈何遠在前方戰場上，也無能爲力，只有默默地爲章和孩子祈求平安。

另據徐浩然書上所述，章亞若和桂昌德（桂輝）上街買東西時，曾經發現有人跟蹤，而她的住處曾經遭竊，窗外也似乎有黑影。徐指出贛州的特工系統眞多，全國性的有「中統」「軍統」「三靑團」和憲兵諜報隊；江西省的有省黨部調統室、省保安司令部調查室、偵緝隊以及省警的特工。而這些情報人員又遍佈在各個機關單位、學校團體。所以，章亞若親近蔣經國及其去桂林生產，豈有不被他們注意的？在桂林章亞若等幾個外來的新面孔，特工哪會放過探明他們身份脈絡的機會呢！

七月部分日記被失蹤，整個七月蔣經國憂心忡忡，日記裡卻沒有看到章亞若在桂林的狀況。

到了八月十五日晴天霹靂的悲劇發生了，章亞若猝逝於桂林醫院！在那前後的日記更是大量消失（Pages Missing）。八月九日至八月二十日，日記全部不見，有撕下之痕跡。根據各方資料顯示，八月十五日章亞若參加餐會回來，忽然腸胃不適，嘔吐病發，送桂林醫院急救，遭注射一劑，忽然眼前一黑，猝然病逝。（當時醫院的診斷，章亞若疑爲血中毒）

章亞若猝逝於桂林醫院，消息傳來蔣經國震驚悲痛，但並沒有趕去見她最後一面，也沒有去為她料理後事。甚至整個八月的日記，沒有任何蔣經國悲痛、哀傷、憤怒、恐懼……之任何情緒表達的紀錄和著墨，這對於對章亞若用情至深的蔣經國，是極度反常的現象。猜測應該是被完全撕去了。

章亞若過世當時，蔣經國當然是傷痛欲絕，根據黃清龍《門裡還是門外》一書的描述，廣西民政廳長邱昌渭即刻致電給蔣經國：「雲英昨突然去世，善後事弟當妥為處理，希兄節哀。」蔣經國接到後，悲痛之情難以言表，回電：「雲英遽爾逝世，弟悲痛不已，奈公忙難離職，請代為安葬。二幼子仍應全力照料，弟來桂林時，當面謝也。」交機要徐秉南發給邱廳長。之後，他背上獵槍，騎著摩托車馳往城外的五里亭，那是他送章亞若去桂林，也是章亞若曾翹首盼他從重慶回來的地點。然後丟下摩托車，登上一處高坡，取下獵槍，裝上子彈，接連朝西對空放了三槍，宣洩內心痛苦，並表示對愛侶的祭悼。接著，他跪地嚎啕不已。良久，才戴上墨鏡，拉起獵槍，騎上摩托車，回到專署辦公室，寫成了一封飽蘸血淚的書信，第二天要王制剛組長帶著他的親筆信趕赴桂林，代他去協助邱廳長料理章亞若後事。以後幾天，蔣經國一直戴墨鏡，以掩蓋眼眶中的淚水。

但蔣畢竟未親自去桂林見章最後一面，只託友人和下屬去處理，將章亞若孤獨葬於桂林白面山鳳凰嶺，這令人深爲不解。關於未親自去桂林這點，徐浩然指出，卽使章亞若眞是「暴病身亡」，周遭危機四伏，蔣經國未去送葬，肯定也和老先生（蔣介石）訓斥過有關。否則，任何人都是攔不住他的。

至於章亞若是遭何人下毒身亡，蔣經國曾經在事發後見到郭禮伯時說了一句「他們太狠了，我對不起亞若！」，這個「他們」是指誰呢？

漆高儒《蔣經國評傳——我是台灣人》一書，指名道姓的說是蔣經國部屬黃中美。「有一天，一位戴著墨鏡的黃中美秘書與徐季元秘書到辦公室，黃問我是否知道章亞若在桂林的一切，我說不知。黃邀我們到專員房內談談，其時蔣經國已飛往重慶，我打開專員辦公室然後關門，三人同坐一張沙發椅。黃首先憤怒的說：『章亞若在桂林太招搖了，本該在桂林隱藏的，不可對外，如今卻參加很多社交應酬，完全以專員夫人自居，這樣將妨礙經國兄的前途，委員長知道了，也是不得了的事，我爲專員的政治前途著想，只有把她幹掉。』徐秘書忙說：『不要，經國和她總是夫妻一場，幹掉她經國兄會很傷心難過的。』但黃說經國兄的政治前途，重於一條女人的命。徐說：『你要三思而行。』黃則以斬釘截鐵的口吻說：『我會負責』。兩個月後，章亞若果然遭遇不幸。」

但漆高儒這項說法，徐浩然在書中則加以嚴正的駁斥：「漆先生去台後搞軍中新聞社，擔任社長多年，居然敢如此大膽說假話、製造冤假錯案陷害他原來的頂頭上司（黃中美），莫非眞是在臺灣搞軍中新聞搞出了職業性的怪毛病？黃、徐二位，原是蔣經國專員的智囊核心人員，留俄同學，四大秘書，黃還是主任秘書。而漆先生當年僅是個小小機要，黃眞要除章，會這麼冒失和身份懸殊、又非同謀的漆密談嗎？何況，一九四二年六月黃中美早已被排擠出專署辦公室，而徐季元也一樣早被排擠出贛州專署，到福建工作去了。黃中美正四處奔波，忙於鹽務督運，徐在福建，如何來專署與漆『密談』」。

徐浩然比較相信是一隻幕後黑手，而這只黑手，是蔣經國的力量都無法掌握的，也就是革命領袖蔣介石的勢力。有位章亞若的同輩親戚，曾經跟徐浩然敘述，章亞若亡故前，蔣經國遭到其父的嚴厲斥責，其父摔下一本有關章亞若的情報資料給兒子看，要兒子趕快決斷離開她的一段往事。當然下手無須老先生親躬，只要稍作示意，殺人魔王戴笠卽會迅卽派人行事。在桂林，也只有戴笠的人能做到，別人絕無可能。章亞若的兒子孝嚴日後說，他母親章亞若的死因，隨著年代久遠，人事煙散，恐怕沒有水落石出的一日。

至於蔣介石是否真的了解章亞若的過往？李以劻在「兩度相隨蔣經國」的文章裡提到，一九四九年春我任第一編練副司令，下調第五軍副軍長兼獨立第五十師師長駐防福州，當時蔣公下野準備來福州鼓山暫住，原總統府的重要官員，則由福州綏靖公署主任安置（因代總統有其新人馬），原蔣公侍從室警衛組組長石祖德將軍則調來福建任廈門市警備司令，他路過福州我歡宴他時，曾問過他有關經國的私生子事老校長知道否？石說：「知道，不僅知道孿生子，連情婦曾是一期（黃埔）同學郭禮伯的姨太也知道呀！」

那麼蔣的態度如何？一九四四年他的日記裡有一段可以做爲參考。一九四四年七月初蔣介石在日記裡記下：「敵人反動派的陰謀，從政府到社會、從國際到家庭，無孔不入處處要破壞我們內部團結。我們必須人人要以道德自矢，以人格自勉，如此才能保障我們革命的勝利」。七月六日，蔣又記曰：「妻接匿名甚多，其中皆言對余個人謠該與誹謗之事，而惟有一函，察其語句文字，乃爲英國人之手筆，此函不僅詆毀余個人，而乃涉及經、緯兩兒之品格，尤以對經兒之謠該爲甚，亦以其在渝有外遇，且已生育孿生子，已歸其外遇之母留養爲言，可知此次蜚語不僅發動於共黨，而且有英美人爲之幫同，其用意非只毀滅我個人信譽，直眞欲根本毀滅我全家。幸余妻自信甚篤，不爲其陰謀所動，對余信仰益堅，使敵奸無所使其離間挑撥之伎倆」。

據李以劻文中指稱，蔣介石早就知道蔣經國外遇章亞若，還有生下孿生子，但蔣卻在日記裡全盤否認，說是共產黨和英美外國勢力的造謠！這就是老蔣的態度了。

章亞若死後，蔣經國悲傷的日記不僅遺失甚多，九月之後到年底已經完全看不到「亞若」「雲弟」「慧弟」的字眼，更往後幾年的日記也消失無蹤了，應該說蔣經國一九三九到一九四二演出的悲喜劇本，跟他往後的一生好像就沒關係了。尤其來到台灣之後，他更是絕口不提章亞若，日後對雙生子也是從來不見。

章亞若是一個精力旺盛，有才華的女子，而且她努力追求自己更美好的人生，在戰亂的年代，勇敢的挑起一家人的生計，她就是一個堅強的女性。只是造化弄人，在那個新舊交替的年代，她遇到的男人都不能滿足她的想望，無論是舊社會的文弱書生，沙場征戰的將軍，還是宛如封建王朝的當朝太子，都無法給她承諾和幸福。她也沒有智慧於該放手的時候放手，汲汲營營，末了，是不是心裡想要的，大過於她能負荷的，悲劇終於發生！

年紀輕輕的生命遽然消逝！就像戲演到一半，主角還在忘情跳舞，舞台忽然被拔掉了電源，瞬間燈暗影息。章亞若波瀾起伏的人生，愛恨交織的情仇，轉眼消逝在黑暗中。這年章亞若才二十九歲，如果用一句話形容她短暫的一生，就是「求不得苦」罷了！而這個「求不得苦」的DNA基因還遺留給她的雙生子，章孝嚴一輩子也爲追求姓蔣，而飽受折磨，多年奔波，雖然身份證取巧的改爲「蔣孝嚴」，但蔣家依然有人不認爲他的「蔣」，是奉化溪口蔣家的蔣。

而經國和方良的感情在章亞若過世之後並沒有馬上好轉，方良似乎更任性而爲，她邀女性朋友來家裡住，也獨自出遊訪友，惹得經國不開心，但她不在乎，蔣經國也無可奈何，猜想，她心知肚明自己曾經被背叛過。

一九四二年九月十七日蔣日記寫著：「晚飯後與黃位財家中大小同談笑話唱山歌，至深夜方入睡，天空因有月光，雖然雨天尚甚明亮……，爲近半年來最快樂之一時，甚望此爲我個人生活由憂愁而轉爲快樂之開始」。蔣經國想要重新振作起來，但這需要一些時間，蔣方良這時也還沒釋懷。

九月二十九日：經國又記：「近來方良時常請客，甚感不滿，但亦無可奈何」。二十七日則說：「時常想飲酒，心中苦悶之故也」。經國想藉酒消愁，遭逢巨變，失去愛侶，對於重感情的他，內心苦澀可以想見。

十月十九日上星期反省錄，顯示心情還很糟，想過要返鄉種田：「一周又過，又是一周之苦悶，無時不在痛中、苦中求生存，痛極之時實有返鄉種田之望，但為爭氣做人則不得不忍痛工作」。

本月反省錄：「一年以來本月為我內心最痛苦之時，但始終以精神克服一切苦處，人家不能諒我本不作怪，但家人與我作對實在令我痛心，因為方良之女友常住家中，非常不滿，時常發怒，其實何必為此小事而傷身心，修養不足之故也」。

一九四二年十一月七日又記下：「今日為蘇聯革命紀念日，回憶六年以前之生活頗有感想。方良赴曲江訪友，心中甚不為是，但亦無可奈何」。

一九四二年風風雨雨，終於來到年終，十二月二十五日，蔣經國淡淡憂傷的，簡單寫下這幾句：「桂林山水雖美，但因自己心中甚感苦悶，實不成其美……」。好像他言猶未盡還有話說，但是說什麼呢？

桂林山水雖美，對他來說已經不美了。這兩三年經國感情波濤洶湧，載浮載沉，章亞若不幸滅頂於桂林，他歷盡滄桑，情緒低盪。

一九四二年結束之時大海終於歸於平靜。經國和方良的關係進入修復期。其實方良不知，一九四二年八月之後，她已經不知不覺中，渡過一場嚴酷的婚姻風暴，否極泰來了。

時間理順了她和經國的摩擦，經國與方良的次子蔣孝武一九四五年出生於重慶。他們的第三個兒子蔣孝勇，一九四八年出生於上海。

第二十三幕

蔣方良憂傷的台灣歲月

一九四九年四月二十三日共產黨解放軍佔領了國民政府首都南京，國共內戰情勢丕變。翌日，蔣經國在溪口與方良和四個孩子道別，孩子們一一與父親擁抱後，由專人開車把方良、孩子連同保姆送往寧波市一個軍用機場，然後登上一架軍機卽刻飛往台灣。匆促之間，丈夫沒有跟來，她逃難似的帶著四個孩子飛到陌生的國度，憂心前途未卜。那時方良只是三十三歲的少婦，她大約沒想到她往後的歲月，所有兒女悲傷歡笑，至親生離死別，和漫漫孤寡長夜，都將在這塊土地上一幕幕揭開又緩緩謝幕。

送走方良母子之後，兩蔣父子留在大陸應付局面。國民黨地盤每個月都在萎縮，但蔣介石堅持繼續在大陸與共軍周旋，以換取更多時間把軍民撤往台灣，蔣經國在這個節

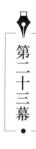

骨眼上，當然必須與父親並肩作戰。因此方良母子在台灣獨自撐過八個月的焦慮等待。到了年底十二月十六日，蔣氏父子二人終於在砲火進逼聲中，登上DC—4運輸機告別重慶，飛越凶險的一千五百三十公里航線，抵達台灣。

能平安抵達，蔣介石座機駕駛員兼領航員少將夏功權的勇氣和超凡技術，是關鍵因素！航程中，專機所飛越的大地幾乎都已變色，絕大部份地方已由共產黨政權控制，雲遮霧罩，飛機上的人看不見地面狀況，在沒有雷達導航的情況下，夏功權憑經驗和和本能駕馭飛機，終在晚上九點半安然降落。直到此時，懸在方良和孩子們心頭的大石頭，才終於放下。[1]

時局穩定後，在蔣經國的安排下，方良帶著孩子來到臺北市長安東路十八號安頓，這裡是所謂的四條通，有當年較高級的日式宿舍建築群，方良向華南銀行承租的這間日式平房，據說本來是華南銀行前董事長居住的。有一張租約顯示，方良以每月六百元租金，先簽下三個月短租，共新台幣一千八百元。時間從民國四十一年十月至十二月，租戶就是蔣方良本人，這張房屋租約保留下來，上面蓋了華南銀行財產科的戳章。另外還有一張華聯巽記營造廠「四條通蔣公館」房屋整修的估價單，包括客

1　見馬克．奧尼爾著《蔣經國的俄國妻子——蔣方良》。

廳、飯廳粉刷，正門、紗門修理、屋頂修整……，共花費了一萬五千一百六十六元整。

經過整理之後，有了這個雅致舒適的小窩，經國和方良就此展開新生活。這個小窩可以說是方良的小天地，她操持家務，全心全意照顧孩子。由於房子離鐵軌很近，不時有火車經過，火車產生的塵粉和煤煙會飄進屋子裡，因爲重視居家環境，她大小細節都盡量親力親爲，包括洗窗簾、抹沙發等工作。有趣的是，方良也在自家後院養雞，供應自家餐桌上的新鮮雞蛋。她喜歡下廚做飯，爲四個孩子煮他們愛吃的菜。這時方良過著可以稱爲「正常的」家庭生活。

馬克．奧尼爾書上說，蔣經國不太忙的時候，會和方良一起領著孩子徒步走到附近的市街，那裡滿是商店、餐廳和小吃攤。由於夫妻倆都喜歡美國電影，有時吃過晚飯，蔣經國會把車庫裡的吉普車開出來，把方良捎上，直奔附近的電影院，把車停好，排隊買票，和一般觀眾坐在一起欣賞電影。

一九五〇年代後期，蔣經國和蔣方良夫婦不時出席美國台北站俱樂部舉行的員工派對，夫婦倆必須按照指定的主題著裝（例如牛仔裝）參加活動。方良也到當地學校做義務工作，她的朋友圈不大，但有華人也有洋人（包括白俄人）。由於美國是台灣的主要盟友，無論在工作還是社交方面，方良經常陪同經國和美國人打交道。喜歡自由自在，可以經營自己的家，還有朋友往來，這就是蔣方良的「長安東路年代」。

方良的「長安東路年代」前期，還有一座咖啡香迷人的明星咖啡館，帶給她許多幸福時光。一九四九年十月三十日，武昌街一段七號門口掛起一塊英文招牌ＡＳＴＯＲＩＡ，一樓是麵包店，二、三樓作爲咖啡廳。當地前往城隍廟拜拜的人們都很驚訝，居然有人敢在城隍爺對面動土開店！但這家店是一位俄羅斯貴族艾斯尼和幾位俄國朋友開的，他們不在乎台灣人的禁忌。而股東裡還有一個台灣年輕人簡錦錐，阿錐後來成爲明星的靈魂人物。ＡＳＴＯＲＩＡ當時是台北最早有著異國風情的時髦咖啡館。

一九五〇年代明星咖啡屋「ＡＳＴＯＲＩＡ」裡面聚集的不只是俄羅斯男士，許多俄羅斯女性也經常到此小聚以聊慰鄉愁，其中身份最特殊的要算是前第一夫人蔣方良。在ＡＳＴＯＲＩＡ，蔣方良不叫做蔣方良，而叫做芬娜，蔣經國不叫做蔣經國，而叫做尼古拉。ＡＳＴＯＲＩＡ開幕不久，芬娜也在尼古拉的陪同下來到店裡。

當時招呼他們的阿錐才十八歲。簡錦錐在《明星咖啡館》書上說，看得出來，剛遷到台灣不久的芬娜，因爲嘗到家鄉味而顯得相當興奮，臉上露出孩子般的燦爛笑容。

但坐在尼古拉身旁，她始終只是靜靜地笑著，只是喝著咖啡聽著夫婿與俄國友人閒話家常。

可能是ASTORIA讓芬娜有回娘家感覺，也可能是店裡的輕鬆氛圍讓她可以暫時卸下第一家庭的光環和旁人的目光，往後日子，芬娜成了ASTORIA常客；有時是由尼古拉陪同參加俄羅斯朋友或美國飛虎隊友人聚會，有時是自己帶著四個孩子來喝羅宋湯或吃西點，有時只是在門市外帶最愛吃的俄羅斯軟糖、麩皮麵包和火腿。即使身上穿著全是從大陸帶來的舊衣裳、舊洋裝，但每當走進ASTORIA，芬娜都像是踏著陽光走來，笑容燦爛奪目，腳步輕盈愉快。[2]

元月三日ASTORIA的俄羅斯新年盛會，芬娜和尼古拉也一定不會缺席，那一天ASTORIA休息不營業，但一大早廚師便開始準備火雞、牛排、烤乳豬、各式糕點和飲料等等，晚間十點鄰近的店家紛紛打烊，熱鬧的俄羅斯之夜才正要開始。當晚所有與會的俄羅斯人都會穿著傳統服飾，聚集在ASTORIA二樓進行禱告和守歲。午夜十二點鐘聲一響，衆人舉杯大喊「那達」（乾杯），互相恭賀新年到來。飲酒作樂不忘重溫家鄉舊夢，現場常有人即興以口琴或其他樂器吹奏俄羅斯民謠，歡樂的氣氛吸引賓客隨音樂起舞；音樂達到高潮時，也常有人乘興跳起俄羅斯傳統舞蹈。有幾次，尼古拉飲了幾杯Volka（伏特加酒），酒酣耳熱之際跳起俄羅斯舞蹈，俐落的舞姿贏得掌聲連連，笑開懷的芬娜也會不由自主地跟著哼唱俄羅斯民謠，兩人所展現的熱情與活潑，與其他年輕小夫妻沒有兩樣。[3]

如此歡樂的明星時光維持了七、八年，尼古拉擔任的官職益形重要，兩人到ASTORIA的次數也越來越少。一九五九年左右，時任青年反共救國團主任的尼古拉下令「不可奢華」。簡錦錐記得不久後，芬娜寫了一封俄文信到ASTORIA，薄薄一封信箋，寫著短短幾行字：「因爲先生有要職在身，往後無法再參加私人聚會。」簡錦錐覺得，短短的字裡行間載滿芬娜想要成爲中國媳婦的決心。此後尼古拉和芬娜再也沒有出席任何一次新年盛會，偶爾到明星咖啡館也只是吃吃點心喝杯咖啡。

但簡錦錐說，私底下芬娜夫婦與他們一家的交情越來越好。當時尼古拉一家子住在長安東路十八號四條通，阿錐、艾斯尼住在林森北路七條通，相距不遠，他們偶而會互相串門子，或一同去看看電影。興致來時，芬娜還會帶著長孫女蔣友梅和

2 見簡錦錐口述，謝祝芬撰文《明星咖啡館》。
3 同註2。

阿錐的一對兒女到碧潭划船。

一九六九年，蔣經國升任爲行政院副院長，因爲安全問題和馬路擴寬工程，全家搬離四條通的日式宿舍，住進大直的七海寓所，方良也告別生活十七、八年的「長安東路年代」。

年過五十的方良，生活圈瞬間鎖進七海官邸，自此她不會出現在明星咖啡屋，無法抵擋對家鄉味思念時，只能派司機老胡來帶回幾包俄羅斯軟糖或麵包回去。阿錐心想：「這樣也好！她好不容易習慣寂寞，再踏進明星只會勾起那段青春舊夢，勾起離鄉背井的心酸」。只是很奇怪的，每次望著老胡開座車離去，阿錐心底總有個小小的聲音在嘆息，那個有著陽光般笑容的芬娜不會再回來了，那些開懷暢飲，共同歡笑的日子也不會再回來了……。4

方良一心一意成爲蔣家媳婦，在五十歲生日時，她的公公蔣介石用便簽紙寫下「賢良慈孝」四個字，作爲賢媳五十歲生日紀念，這是蔣家大家長對她的肯定。這張便簽紙保存在棲蘭山莊蔣公行館的展覽室，年代久遠，有一隻小昆蟲躺在上面，影本則裱框掛在七海寓所牆上。「賢良慈孝」，後來也雕刻在一個墨綠色山形大理石上，現在仍然放置在七海寓所的大客廳裡，「賢良慈孝」這四個字準確定調了蔣方良的一生。

離開長安東路，蔣經國一家搬到了大直的七海園區。層層樹海裡，一棟兩層樓水泥建築規劃成蔣經國的「七海寓所」，官邸因爲位於海軍總部旁，戒備森嚴，出入相當嚴格，和馬路有一段距離，給人不可測的神秘感。不再像長安東路一樣，街坊鄰人有時可以看到蔣方良進出的身影。

蔣經國政治攀上高峰之後，經常在媒體上曝光，但是並沒有帶夫人出場，他甚至要求方良不要管他的公事，所以她不了解丈夫在忙什麼？只能安靜的待在七海寓所。

方良的兒子蔣孝勇說，一九七八年父親就任總統時，母親成爲第一夫人，但是父親做事很周延，爲了表達對祖母的尊敬，「蔣夫人」還是祖母宋美齡的尊稱，經過研究之後，父親決定以「蔣經國總統夫人方良女士」來稱呼母親。方良也不反對，就通令各機關和媒體使用，以區別宋美齡和蔣方良的身份和地位[5]。方良六十二歲成爲中國第一夫人，但是完全沒有第一夫人的光芒，她早已是七海寓所裡的一位中國傳統家庭主婦，全心全意照顧家人和先生，也完全以先生的意見爲意見。

在翁元口述、王丰撰稿的《蔣經國情愛檔案》裡，對第一夫人方良的寂寞芳

4　同註2。

5　見王美玉著《蔣方良傳——漆美榮耀異鄉路》。

心也有生動的描述。翁元印象中的蔣方良，三十幾年來日子從來沒有大的變化，千篇一律，單調的很。蔣方良鮮少化妝，除了口紅似乎不需購買任何化妝品。如此平淡平凡而清心寡欲的第一夫人，實在少見。蔣方良曾經打過高爾夫球，但蔣經國並不喜歡打。方良打了一陣子，那段時期，管家阿寶姐每天都要幫方良擦淨球桿、球鞋，球桿上還要抹上一種亮光護蠟保養。後來，蔣經國曾經告訴蔣方良，老拉著大隊人馬和車子去打球，實在太招搖、太豪奢了，他深深不以爲然。幾次後，蔣方良只好識趣不再打高爾夫，從此球具束之高閣。但根據蔣孝勇的說法，母親再沒打高爾夫球，主要是因爲氣喘的關係。

不出門打球沒有運動，也沒有社交，蔣方良獨自面對七海冷冷的房舍，這是環境的關係，還是蔣經國的自私造成的？翁元覺得蔣方良吃虧在她是外國人，這倒是有幾分眞實。方良在俄羅斯長大，在台灣她是異鄉人，如果沒有蔣經國同意或特別安排，她是無法結識朋友跨出七海的，更別說掌握先生在外面的行蹤，或許這就是蔣經國要的安排。有人說，蔣方良如果能跟著蔣經國到處走走，吃吃台灣小吃，她一定非常快樂，台灣人一定也十分喜歡這位純樸沒有架子的第一夫人。

明星咖啡館的俄羅斯朋友對方良也有不同面向的觀察，在艾斯尼等俄國同胞眼中，她是典型天眞又浪漫的俄國女孩，他們多少好奇爲何她會嫁給蔣經國？而最讓俄羅斯友人吃驚的是，蔣方良中國化得太過徹底了，說著一口流利的寧波國語、穿著旗袍，而且爲了丈夫的職務放棄個人的社交和生活圈，甚至將自己隱形於官邸當中。艾斯尼看著芬娜收藏起內心熱情也曾慨嘆：她是個「稱職的中國媳婦，卻不是稱職的俄羅斯媽媽。」因爲艾斯尼每回見到孝文、孝武、孝勇三兄弟，都故意以俄語與他們交談，但三兄弟全無法對答，艾斯尼不禁感嘆地說：「芬娜至少應該教會他們說自己的母語啊！」

當然芬娜隱藏自己的原鄉感情，有當時國內外反共抗俄國際形勢的影響，台灣參加到由美國主導的西方陣營，就等於與由蘇聯牽頭，盟友遍布全球的軍事集團爲敵。方良怕影響國人甚至美國人對蔣經國是否親俄的看法，而刻意不出現在公衆視線裡。而傳承母語對芬娜來說可能是不切實際，也不是芬娜的思想層次可以理解和顧及的。

當時冷戰時期，台灣與蘇聯之間的書信往來，都會被對方的情治部門先行截下檢查，據馬克．奧尼爾著《蔣經國的俄國妻子——蔣方良》書上說，蔣方良可能還有一層顧慮，方良的姊姊安娜和朋友都住在斯維爾德洛夫斯克，那是蘇聯的國防軍工城市，外國人不得進入，城裡的人也不得與外國人通信。

奧尼爾提到一個令人驚訝的往事，即一九七〇年十一月，一位中間人把一封信轉到蔣經國手上，那封信是方良姊姊安娜寄來的（兩人分別已經有三十三年）。蔣經國看過後，把信扔進「待銷毀機密文件」的袋子裡，他告誡手下的人，別向任何人提起這封信。也許，蔣經國認爲，家鄉來鴻只會勾起妻子對從小撫養她長大、唯一胞姊的思念，徒然讓她感傷。

與蔣方良友誼深厚的簡錦錐，在他的傳記《明星咖啡館》裡記述到蔣經國訪美遇刺，他特別從日本飛回來陪伴孤單的蔣方良，再度生動反映出七海住著一位寂寞的太太，而不是尊貴的國家第一夫人。

一九七〇年蔣經國受邀訪美，在紐約廣場飯店遭遇台灣留學生刺殺，簡錦錐在日本大阪的電視上看到新聞快報：「台灣蔣介石的兒子蔣經國在美國遇刺」，主播急促地唸著新聞稿，阿錐心頭像是被重重搥了一下，他努力壓抑住不安的心情，繼續往下聽，「蔣經國安全脫險，凶手已被逮捕……」，仔細聽完每一個字，阿錐鬆了一口氣癱在沙發上。不到一分鐘，阿錐又跳起來，「芬娜呢？她一定嚇壞了吧！」阿錐打了國際電話進七海寓所，電話流浪許久總算聽到芬娜的聲音。「芬娜，我是老簡，我聽說尼古拉的事情了，妳還好嗎？」「嗯！還好！」芬娜口裡雖然回答好，但是發抖的聲音卻透露出心裡的不安。「有人陪妳嗎？」阿錐希望此時能有個人給她力量，但芬娜停了一下才說：「大家都忙！沒有關係！」阿錐心想丈夫發生這麼大的事，做太太的一定嚇壞了，但此時竟沒半個人能夠安慰她，於是他告訴芬娜，「我晚一點剛好要去大直附近，我過來看妳。」掛上電話，阿錐拎起行李直奔機場。三、四個鐘頭之後，飛機抵達松山機場（當時桃園機場尚未興建），阿錐出了關，坐上計程車直奔七海寓所。進到寓所，管家領著阿錐來到客廳，只見芬娜一個人坐在客廳裡，只有蔣經國日常坐的那把椅子陪她，空空蕩蕩的客廳顯得更加寂寥。

「妳還好嗎？」阿錐用俄語問著。雖然芬娜點點頭沒有說話，但蒼白的臉上藏不住內心驚嚇和擔憂。阿錐想著安慰的話：「沒事的！我剛剛看過新聞，尼古拉很平安。」平常的芬娜多半用國語和阿錐交談，可能是慌了，她也用俄語回答：「我知道！但他人還在美國，過幾天還要去日本，不知道會不會有危險？」阿錐不斷地安慰她：「別擔心！我聽說尼古拉不去日本了，事情辦完就回台灣了。」芬娜緊閉的眉頭稍微鬆開來，她急急地問道：「真的嗎？他要回來了嗎？」阿錐苦笑點頭，心底卻慨嘆到底政治爲何物？竟教這位曾經熱情的俄國女子，只能孤獨守在庭院深深之處，擔心先生的安危。

離開七海寓所時，阿錐再次溫暖的安慰她「別太擔心！」但芬娜不安的臉不知何時已經換上堅毅表情，她說「是啊！就算風雪再大，路還是要走，就像當初我們在西伯利亞一樣。」6

在七海日復一日，她每天早上握著丈夫的手送他出門上班，白天靜靜坐在屋子裡看看書報，她需要一點聲音，所以經常打開電視，但沒人跟她說話，悶久了，終究是會悶出病來的。在翁元口述、王丰撰稿的《蔣經國情愛檔案》裡，提到蔣方良晚年出現精神疾病的狀況：「剛開始只見蔣方良樓上樓下漫無目的來回走動，到處翻箱倒櫃，一下子把箱子裡的衣服全部翻出來，一會兒又把首飾盒裡的首飾倒了一地，弄得寓所內零亂不堪，更嚴重的時候，蔣方良竟然脫光衣服，全身赤裸，口中唸唸有詞，煩躁地滿屋子到處跑，總管阿寶姐見狀急得滿屋子追她，爲她披上衣服，遮蔽裸體。」

蔣方良固然沒有攻擊行爲，但大白天赤身露體，畢竟讓蔣經國既難堪又緊張。馬上請榮總派精神科大夫，到寓所幫蔣方良看診。醫師初步診治，確認她得了精神躁鬱症。

醫師開了一些控制病情的藥丸，要她按時服用，如果病症轉劇，則酌加藥量。寓所總管阿寶姐從此以後多了一項任務，即是監看蔣方良精神躁鬱症發展情況，只要一發現蔣方良又在翻箱倒櫃，就要讓蔣方良趕緊吃藥，以控制病情。在榮總醫師的悉心診治之下，她的精神躁鬱症病情控制得宜，幸而沒有惡化。

對於這樣犧牲自己，從西伯利亞到中國大陸，又落腳台灣陪伴自己一生的妻子方良，蔣經國心裡是知道，且多加維護的。

一九七八年三月十七日日記記載：「十五日為我結婚紀念日，回想四十三年來之夫妻生活，甘苦與共，今日已是老夫老妻，內心相安。」傳達的就是這樣一種老來相依的心境。[7]

一九七九年三月十五日的日記又寫道：「今天是結婚四十四週年紀念日，想起往事感慨太多了，多少大變化又是多少大痛苦，含恥忍辱，只有自己知道，亦絕非筆墨所能寫出。自結婚以來，還是在開始一、二年自食其力，帶隔日之糧，有時靠借貸為生的苦日子，是我夫妻最愉快的時候。」寫日記時的蔣經國已經是中華民國總統，無論權力或榮耀堪稱皆達人生巔峰，但他最懷念的卻是剛結婚頭一、兩年

6　同註2。

7　見黃清龍著《蔣經國日記揭密——全球獨家透視強人心世界與台灣關鍵命運》。

時，夫妻倆「自食其力、辛苦過日子」的歲月，還說那是一段最愉快的時光。說明他對方良的感情是真摯的，而且越陳越香。

一九七九年三月的日記還提到：「回國後先母在世，不但不嫌妻為異國女子，而且待其比自己親生子還要好，回想起來悲傷至深，未能久待母親乃為一生之痛。」而在七月二十一日則記載：「中國人中，真誠愛我妻者，先母一人而已。」顯然出於對老妻的憐惜與不捨，益增蔣經國思母之情。蔣經國對母親毛福梅有很深的依戀，即使已經死別幾十年，日記中仍經常出現對母親的追懷思念。如果說毛福梅是婚姻的犧牲者，方良何嘗不也是為夫婿委屈了一輩子，而這是在她嫁給蔣經國之後，就已註定的了。8

一九八八年一月初，蔣方良突然因氣喘和肺病病倒，榮總的醫生要求她必須住院治療，但是蔣孝勇怎麼勸她都不願到榮總去，只好向父親報告母親的病情，蔣經國這時走進蔣方良的房間，俯身對她說：「方，你一定要去醫院，如果你不放心，我陪你去好了。」就在蔣經國的勸說下，她才同意到榮總住院治療。那一次夫婦倆一起住進榮總好幾天，就住在相鄰的病房。

蔣孝勇說，他母親不願住院，是因為她不願意離開大直的家，不願離開蔣經國，蔣方良愈到晚年，對蔣經國愈依賴，雖然夫婦兩人身體都不好，一天談不上幾句話，但是有蔣經國在身邊的日子，讓蔣方良感到有依靠，日子雖然寂靜，但是很安全也很實在。[9]

然而就在他們夫妻出院回到大直沒有幾天，一月十三日蔣方良就面臨了一生中最痛徹心扉的日子，她一生依靠的男人，她的丈夫蔣經國閉上眼睛離開人世了！

蔣經國的貼身侍衛官翁元目睹十三日上午教育長（侍衛官對蔣經國的稱呼）痛苦離世的過程。當天上午七點多，蔣經國面帶愁苦地告訴姜洪霆醫師：「今天我渾身都不舒服，胃尤其不舒服。」姜洪霆是心臟內科權威，不是腸胃科醫師，他無從判斷蔣經國的胃究竟有什麼問題，只好先開了兩顆胃乳片給蔣經國服下，幾分鐘後，經國竟痛苦的以哀求的口吻說：「你們救救我，我還是很不舒服！」

元月十三號是禮拜三，照例禮拜三是國民黨召開中常會的日子。以當天蔣經國身體的情況看來，他自己也清楚，恐怕是沒有辦法主持中常會了。但是，他口中仍唸唸有詞，說他今天還得開中常會呢，「無論如何我得去主持會議！」。

接著蔣經國一下要下床坐輪椅，一下又要侍衛官抱他上床，反反覆覆總有四、五

8　同註7。
9　同註5。

次，翁元在他身邊那麼些年，從來沒見過他那麼煩躁不安和痛苦的情況。

「我眞的全身不舒服，你們要救救我啊！」侍衛官聽見蔣經國這種幾近哀求的口氣，內心實在非常難過，又跑去找醫師。但姜洪霆醫師也不知所措，他說：「胃藥吃了，點滴也正在打，我眞的也沒有辦法。」醫師和侍衛依舊無奈地在一邊乾著急。

到了十二點多，蔣經國忽然問翁元：「孝勇呢，他去哪了？」「孝武去哪了？」接著問女兒孝章、長子孝文在哪？翁元回答孝武在新加坡，孝章在美國，孝勇在外面吃飯，孝文已經失智，但剛好在官邸，上來望了父親一眼。逐一問完四個孩子之後，中午十二點五十分左右，蔣經國第一次大量吐血，相隔不到十分鐘，又第二次吐血，令翁元驚駭莫名的是，他吐完最後一口血後，頭忽然往右邊一歪，蔣經國斷氣了！

榮總醫護人員趕到七海，立刻爲他急救，施行心肺復甦術，但挽回不了蔣經國的生命。空氣裡迴盪著蔣經國哀求「救救我啊！」的聲音，不管是爲國還是爲了家，蔣經國這位強人確實還想乞求時間，但是天不假年，他身上千斤重擔，心願未了，遺憾的撒手人寰。

當蔣經國大量吐血時，官邸上下亂成一團，但是沒有人敢去隔壁房間向蔣方良報告，蔣方良本來身體就很不好，幾天前才從榮總出院回家，當時還戴著氧氣罩，官邸的氣氛愈來愈凝重，蔣孝勇一一通知政府首長到達官邸後，不能再隱瞞了，他走進隔壁房間告訴母親，父親生命垂危。

當天台北的黨政軍相關政府首長，都在大直官邸等候醫生搶救蔣經國。他們沒有看到戴著氧氣罩的蔣方良，但卻聽到從方良房間傳來陣陣飲泣聲。蔣經國闔眼前想見四個兒女。但他最放心不下的應是病床上的老妻，不知道他歸天時有沒有到隔壁房間跟方良告別，如果可以，他一定想跟她說：「方，妳要堅強，後面還有許多辛苦的路要走！」

蔣經國雖然貴為一國元首，一生最大的憾事應是三個兒子不肯走正路，酗酒、打架、輟學和遊戲人間，連帶著婚姻也不幸福。蔣孝文酗酒昏迷，導致腦力受損，已成「似瘋非瘋之病態」。蔣孝武婚變影響蔣經國情緒至大，他日記上說「武兒決定離婚，又是家中一件不幸之事」，後因涉入江南命案，蔣經國不得已將他外放新加坡。「勇兒以因公務受傷之理由，辦理退學（退陸軍官校）與轉學之手續，明知此為欺人自欺之作，但是事實如此，如何使我不自感慚愧耶」。

最讓他感到尷尬的是到軍校主持慶典時，一九七二年六月十九日記有這麼一段：「軍校校慶前夕宿於軍校春暉堂，想起文、勇兩兒先後從軍校退學，實在沒有面目見軍校之師生，深感愧疚。而文兒尚在重病中。兒輩之不爭氣，影響家譽和事業，余身爲人父而未盡父職，此心必將一生不安。」身爲陸軍官校創校校長蔣介石之子，以行政院院長身份前來校慶演講，卻得面對兒子連官校都無法讀畢業的殘酷事實，眞是情何以堪！10

然而蔣經國對兒子的痛心失望，也帶給方良無限悲傷，每每經國氣到發抖，狠打兒子時，方良只能護著兒子心疼阻擋。丈夫和兒子的關係形同水火時，蔣方良夾在中間，左右爲難。她不知道事情爲何鬧到如此地步？她覺得丈夫對待兒子過於嚴苛，難以承受，卻又不想爲此事跟丈夫鬧翻，也沒有人可以訴苦，結果，一切的傷心、失望，都只能往自己肚裡吞。

蔣經國大部份時候都在外工作，隨著黨政權力階梯一步步攀升，他陪伴家人的時間也一點點減少。蔣家兒女在家做功課和處理私人事務方面，未能得到父親眞正的指導，他都是拜託部屬嚴加看管，像是潘振球、孫運璿、李煥，但畢竟是蔣家公子，旁人如何置喙。方良身爲母親，雖盡所能學習中文，可惜程度還不夠指導和陪讀子女；再者，她自己對蔣家以外的社會，對子女往來的人和家庭，所知有限，無法掌握。令人驚奇和不解的是，蔣家兒子的學壞，竟然是從家裡警衛室開始的，小開在警衛室和侍衛們一起抽菸、看黃色書刊、把玩槍枝。夜晚在侍衛掩護下偷開吉普車出去嬉鬧。學業成績不好，侍衛負責攔截成績單，兒子的不走正道，竟然是從家裡警衛室就失控的！

侍衛們不敢違逆蔣少爺們，出了社會不少人更是爭相巴結蔣家皇孫，權力高度集中於蔣家，孝文、孝武、孝勇兄弟自然被視爲結交權貴核心的一條門路，有心人經常在夜裡邀他們外出狂歡，威士忌、白蘭地，一瓶接一瓶地喝。遇上麻煩時，甚至大膽找高階警官出面擺平。

蔣經國兒子們的不成材，有許多是來自外面的誘惑，環境讓蔣家的兒子無法正常成長，最終身心敗壞，無法承接父業，令蔣經國追悔不及。但在蔣經國過世之後，他們的父子情仇算是煙消霧散了，而蔣方良已是年過七旬的老婦人，孰料往後的日子，並不能安靜渡日。命運的坎坷，讓她在痛失丈夫後，接二連三的失去所有的兒子。最大的痛楚「白髮人送黑髮人」都留給已是落日黃昏的蔣方良一人承受。

蔣經國過世隔年，一九八九年四月，蔣孝文因鼻咽癌病逝台北榮總，得年五十四

---

10 同註7。

歲剛過半百。孝文是方良的第一個孩子，在蘇聯給他們夫妻帶來的甜蜜，都寫在經國的日記裡，方良哀傷的從七海到榮總看孝文最後一眼。

一九九一年，外放新加坡的孝武，調往日本，因爲掛念母親獨自在台灣，希望能調回台灣任職，以方便就近照顧母親。李登輝總統了解蔣方良的孤獨以及蔣孝武的孝心，將他調回台灣擔任華視董事長。蔣孝武高高興興的回台灣，一邊準備上任董事長的致詞，一邊也到榮總做一番身體檢查。蔣方良眞是高興蔣孝武可以回來長伴左右，不會再離開她。不料隔天清晨，她就接到榮總打電話來，說孝武因爲急性心臟衰竭已經死在病房裡，得年四十七歲。這個突然惡耗叫蔣方良如何接受。明明兒子才活跳跳說要回來陪她不走了，命運對方良何其殘酷，距離孝文離去不到兩年，淒風苦雨的大直到榮總之路，就要方良再走一遭。

時間來到一九九六年，方良已經是八十歲老婦人，她身體不好，氣喘之外還曾經中風，可是就在這個時候，榮總檢查出她的么兒蔣孝勇罹患食道癌！榮總緊急開刀時，孝勇交代家中侍衛要把報紙都藏起來，以免母親從新聞中知道他生病了。

王美玉在蔣孝勇病中採訪他，有著最深刻的近身體會和描述，她說孝勇每次只要想到母親，他的喉頭就哽咽，忍不住要流淚，孝勇說：「母親眞的很命苦，一輩子以當蔣家的媳婦爲滿足，先生和孩子是她生命和生活的全部。」但是先生走了，三個兒子緊接著也都要離她而去。蔣孝勇說，他眞的不知道自己死後，母親要如何撐下去，他更不敢想像八十高齡的老母，撫著他的屍體痛哭的模樣。他說，他的兩個哥哥就是這樣的讓母親傷透了心，喚也喚不回，當時他站在旁邊看著母親傷心欲絕的神情，想的是如何幫母親減輕痛苦，萬萬沒有想到自己也要讓母親再一次遭受致命的打擊。

因爲癌細胞不斷轉移到全身，腹部和肺部積水，必須抽水，雖然痛苦，不過孝勇毅力十分的堅強，他最不忍心的是病情沒有好轉，使他無法再對母親隱瞞。有一次蔣方良到榮總看他，蔣孝勇說，他實在很難開口告訴母親自己的病情，但是母親一句：「孝勇啊！你怎麼瘦成這個樣子。」讓蔣孝勇淚水決堤，母子兩人相對而泣。從母親的眼神中，孝勇知道其實她已經瞭解病情。接下來，蔣方良每一次的榮總行，都只是望著剩下皮包骨的兒子，一對哀傷的眼睛充滿了淚光。[11]

一九九六年十二月二十二日晚上，七海寓所電話又驚嚇的響起，這回是孝勇催促著母親最後的相見嗎？方良拖著沉重的身軀，三度走上大直到榮總的送別之路，天若

11 同註5。

有感也要灑下同情的淚水。當天晚上八點多，蔣孝勇的脈搏已經慢慢停了，但是他的母親還沒有提到，當蔣方良顫顫地走進病房時，醫護人員訝異的感覺到蔣孝勇的脈搏又出現了，不過只有短短五分鐘左右，呼吸和脈博就全部停止了，蔣孝勇是在等他的母親過來告別。方良看著兒子終於停止氣息，世界彷佛也靜止了，她抱著孝勇，最後一個兒子的身軀，再度白髮送黑髮，哭泣不已。蔣孝勇病逝榮總，得年四十九歲。

幾年之內相繼失去四個至親，蔣方良晚年無依的身影，也引起台灣社會極大的不捨和同情，她承受得住一波波不幸的打擊嗎？在七海她如何渡過每一個寂靜的晨昏？偌大的七海園區，夜晚樹梢風吹成浪，孤燈裡，還有經國的餘溫可以相伴入眠嗎？

蔣孝勇的太太蔣方智怡說，宗教信仰是支撐婆婆生活下去的其中一根支柱。蔣方智怡接受馬克．奧尼爾訪問時說：「像她丈夫和兒媳婦一樣，她是個基督徒。蔣家進餐前會先祈禱。她讀《聖經》，信仰在她的生命裡佔很大一塊，它讓方良能面對生命中所經歷的生與死。她相信神已爲每一個人選定生命的長短。她傷心，但不怨恨，也不去問爲什麼。她知道神已安排一切。」

蔣方智怡說，在她丈夫孝勇過世後，婆婆也用這些話來安慰她。她引《聖經腓立比書》3：13—14：「弟兄們，我不以爲自己已經得著了；我只是忘記背後，努力面前的，向著標竿直跑，要得到神在基督耶穌裡從上面召我來得的獎賞。」[12]

蔣經國走了之後，房間裡仍保留著他生前睡的那張床、床邊的椅子，和一張不大的書桌。每天早晨起床，方良像往昔一樣，開門走進先生的房間。在那裡，彷彿經國還是含笑和她談話……。在頭寮安放蔣經國遺體的小房子裡，蔣方良撫摸著裝著丈夫靈櫬的大理石，靜聲和蔣經國交談，她可以默默靜坐在那裡好幾個小時，追憶與丈夫共同享有的美好歲月。方良的兒媳蔣方智怡還透露，婆婆方良的司機會把她載到基隆市八斗子碧砂漁港，坐在那裡一座公公蔣經國的銅像面前許久。她會和當地的人攀談，然後才回家，她喜歡這樣。

一九九二年九月蔣孝勇還健在時，他費了好大的勁，才說服母親去美國舊金山走走，他是以到美國探視女兒孝章，並和兒孫聚聚的理由勸她出門的，實際上孝勇是盤算著，如果母親住得慣，就和他一起到美國定居。但是才一個月，蔣方良就想回台灣。七海寓所才是她的家，她說「我必須陪在我丈夫身邊」，她不能離開七海，她和丈夫生活數十年的地方，最終，有經國氣息的地方，才是她的歸宿。

12 見馬克·奧尼爾著《蔣經國的俄國妻子——蔣方良》。

在蔣方良的晚年，她給了媳婦蔣方智怡一個任務，她希望身後葬在亡夫蔣經國旁邊（他的靈柩暫厝在頭寮），「我告訴她公公那兒沒有地方讓她葬在他旁邊。葬在隔壁房間行不行？『不，一定要在他旁邊』她堅持。於是我提出另一個建議（我不怕她會生氣），你走了以後，你可以火化，然後骨灰放在他身邊。」這個建議方良接受了。

二〇〇四年十月六日，蔣方良因急性哮喘和食道炎，被送進榮總。經治療後，方良的情況穩定了下來；但兩個多月後，十二月十五日當天接近中午的時刻，她的血壓驟降、心室顫動。榮總首席外科醫生李壽東說：「很不幸，醫療團隊的復甦急救無效。」蔣方良於中午十二時死於呼吸和心臟衰竭，終年八十八歲。當天下午，時任總統的陳水扁前往醫院，向蔣方良的家人表達哀思。陳水扁也代表政府頒發褒揚令，褒揚令全文爲：

> 蔣故總統經國先生夫人方良女士，志節貞固，蕙質婉約。原籍俄羅斯，自幼困學勉行，襟懷開朗，卒業烏拉重機械廠附設工人技術學校。民國二十四年，與留俄之經國先生結縭，執手砥礪，相互扶持。
>
> 嗣隨夫婿遄返中土，鄉關萬里，入境隨俗；相夫教子，侍奉翁姑，贏得國人「賢

良慈孝」讚譽。雖爲第一家庭成員，平居操持勤奮，厲行簡約質樸，鋒芒盡藏，弗涉政治；勞謙愷悌，律己達人。

曾創辦私立三軍托兒所，積極照護軍眷遺孤，德澤溥乎赤子，仁愛播於宇內。晚歲遭遇人世至痛，迭攖痼疾所苦，堅忍剛毅，橫逆無畏。中華傳統矩範「溫良恭儉讓」，斯人有之。

綜其生平，寧靜澹泊，廉潔恪愼，懿德淑世，朝野同欽。遽聞溘逝，殊深軫悼，應予明令褒揚，以示政府崇念馨德之至意。

漫漫歲月，蔣方良盡了她的人生義務，即使丈夫和三個兒子已經離她遠去，她仍然依照神安排給她的歲數，在七海日復一日孤寂的渡過，直到做完神給她的功課，走到生命的終點。

方良安靜的走了，要是你到頭寮那裡，你很難看見她化爲灰燼的盒子，它就在蔣經國陵寢的旁邊。沒有任何標誌告訴你它是什麼，但沒有關係，這就是方良堅持要的，執手一生，與君長伴。

第二十四幕

宋美齡與蔣氏父子

一九二七年十二月一日孔宋豪門的三千金宋美齡下嫁蔣介石，充滿機會主義性格的孔宋家族，下注蔣介石，認爲他是唯一可以結束軍閥割據亂局，統一中國的明日之星。

同樣具有賭徒性格的蔣介石知道，迎娶宋美齡代表他有源源不絕的財力，可以再度翻身躍上舞台，繼續揮軍北伐。因此他否認七年前同樣在上海舉辦的另一場婚禮[1]，他改變信仰，積極迎向這場勢必改變局勢，引起海內外矚目的世紀婚禮。

華麗的婚禮在上海靜安寺路的大華飯店舉行。根據林博文著《跨世紀第一

1　一九二一年十二月五日蔣介石在上海永安大樓的大東旅社大宴客廳與陳潔如舉行婚禮，婚禮由張靜江擔任證婚人，戴季陶爲男方主婚人，陳潔如母親是女方主婚人，他們在西式證書上落款簽名，然後也舉行傳統的拜天地和跪拜長輩儀式。

夫人——宋美齡》一書描述，「當天中午一過，做爲婚禮場所的飯店大舞廳就擠滿了一千三百人，另有千餘人擠在馬路上看熱鬧。賓客在飯店大門接受青幫保鑣的搜身，在大舞廳入口處，還得再搜一次身。然後，每位來賓發給一支寫有新郎和新娘名字的緞帶別針」。

能進到飯店者當然都是獲得婚禮請柬，特別邀約來的貴賓。當天冠蓋雲集，其中一張羅志希先生的請柬被保留下來，他就是曾任考試院副院長，民初知名的教育家羅家倫。因爲蔣的父母已經過世，請柬上男方邀請人（主婚人）是蔣介石的同父異母兄長蔣錫侯，爲了相對應，女方邀請人爲宋美齡的長兄宋子文，宋子文名字上方特別多了「奉慈命」幾個小字。請柬註明婚禮午後四時行禮，五時至七時爲茶點時間。這張紅色喜帖，和多禎珍貴照片一起保留在宜蘭棲蘭山莊的蔣公行館裡。

婚禮大舞廳裝飾得五彩繽紛，並吊上路易士小學所製作的巨大鐘鈴。舞台上掛著孫中山遺像，兩旁是國民黨黨旗和國旗，聖壇上布滿了白花。

下午四時十五分，白俄樂隊開始奏樂，主持人蔡元培在孫中山遺像下就坐。來賓包括英國、日本、挪威、法國和其他十幾個國家的領事，代表美國的是海軍將領布里斯托。

林博文書上描述：「蔣介石穿著華麗的歐式禮服，在男儐相孔祥熙的陪伴下入場，全場頓時鴉雀無聲。新娘進場時，全場賓客都拉長了脖子，並站在椅子上以掌握『地利』爭看新娘。照相機、攝影機爭著搶鏡頭，白俄樂隊奏起孟德爾頌的曲子。在宋子文的攙扶下，宋美齡進入大舞廳。在兩旁陳列白花和鋪著紅色地毯的甬道上款款而行。新娘穿著銀白色綴著縐紗禮服，披著銀鑲邊的半透明長披紗，手捧著一束用銀白色緞帶紮起來的粉紅色玫瑰花，從披紗中可以瞥見她的銀色鞋子」。

「新郎陪著新娘走上孫中山遺像前的聖壇，向遺像鞠躬敬禮。並向左右兩旁的黨旗、國旗敬禮。主婚人爲新郎的異母兄長蔣介卿（即蔣錫侯）。證婚人則爲蔡元培。典禮中白俄樂隊開始演奏〈新娘來了！〉（Here Comes the Bride），美國歌手赫爾（E.L.Hall）引吭高歌一曲〈噢！答應我〉（Oh! Promise Me）。

在來賓的如雷掌聲中，新郎和新娘走下甬道，在一座大花鐘下的椅子上坐了下來，然後拉一下旁邊的絲帶，成千成百的玫瑰花瓣像瀑布般從花鐘掉來，落英繽紛的情景恍如銀河落九天。花瓣兒蓋在始終微笑的新郎和新娘身上」。

第二天果然中外媒體爭相報導這樁蔣宋聯姻大事件。《紐約時報》在首頁上刊登蔣宋結婚消息，上海三家英文報紙的報導指出，這是近年來的一個壯舉，是中國人的一個顯赫的結婚儀式。結婚當天，蔣介石在報上發表〈我們的今日〉，他說：「我今天和最敬愛的宋女士結婚，是有生以來最光榮、最愉快的事。我們結婚以後，革命事業必定更有進步，從今可以安心擔當革命的大任。我們的結婚，可以給中國舊社會以影響，同時又給新社會以貢獻。」蔣介石已經把這場世紀婚禮和政治關聯在一起。

果然婚後，十二月初國民黨卽召開二屆四中全會預備會議，通過蔣介石官復原職，重掌國民黨黨政軍大權，一時權力重組，蔣在國內政治舞台上更舉足輕重。蔣介石、宋美齡這對夫婦在國際間逐漸成爲中華民國的象徵，他們的命運與中華民國的興衰緊密地聯結在一起。

蔣宋聯姻之時，蔣的獨生子蔣經國正在蘇聯「托瑪可軍政學校」就讀，並不能掌握家鄉發生的變化。隔年他更開始長達十年的勞改命運。

在溪口毛福梅這裡，蔣宋聯姻給她的衝擊也很大，這次她要正式簽下離婚協議書。蔣氏族眾和親戚都對蔣的離棄結髮不以爲然。族中長一輩老人，對這位子弟公然想停妻再娶，一個個搖頭歎息，可是等到見了蔣，個個結結巴巴地，終究沒說出個子丑寅卯。只有毛氏的兩位哥哥毛怡卿、毛懋卿兄弟，他們照父親的意旨向蔣宣稱：「福梅已是嫁出的女兒、潑出的水，嫁雞隨雞，嫁狗隨狗，活著是蔣家人，死了是蔣家鬼。」[2]這幾句話可使蔣介石坐不住了。這事若鬧出人命來可是得不償失了。這天夜裡，蔣介石走出他下榻的樂亭，不帶衛士，沿溪徘徊一陣後，悄悄地走進豐鎬房。蔣和毛福梅這對即將離婚的夫妻，達成了一個秘而不宣的協議，毛氏被允許仍住在豐鎬房做她的主婦，仍將被蔣身邊的人稱爲「大師母」，毛於是在「離婚協議書」上簽了字。

與宋美齡結婚後，蔣介石雖然也信奉基督教，但對於舊有的一套禮節還是十分注重。所以，他決定攜夫人在清明時節來溪口拜認祖先。他請出了異母哥哥蔣錫侯先去溪口做毛氏的工作。宋美齡何等機靈，她體諒丈夫苦衷，也樂得示好於毛氏，便買了一盒上好人蔘和一領狐裘大衣，請大伯帶去，送給毛氏。[3]

其實，不用這些貴重禮物，毛福梅也不是不懂事的人，在蔣宣布迎娶宋家豪門千金時，她心裡已經讓位了，她知道這是丈夫飛黃騰達的機運，她並沒有哭鬧，而

2　見王月曦著《毛福梅與蔣家父子》。

3　同註2。

是打掃好豐鎬房，等待新人來祭祖。

豪華婚禮在上海盛大舉行時，她雖遠在溪口，卻偷偷收藏了許多報章上婚禮的照片，小心包好，放在箱中，竟有一種家裡辦喜事，與有榮焉的心境。這在毛福梅不幸遭日機轟炸罹難之後，蔣經國整理毛母舊物時，才發現這箱照片。

一九四〇年一月十五日蔣經國日記寫著：「今日檢點箱中所有物件（母親之遺物）所存物件皆是一包一包整整齊齊安放箱內。其中有一箱是父親與宋母結婚時所攝各種照片，亦是我母親自己很謹慎的包好，很細心的放置箱內。在此種小事上，可以看見我母對父之忠貞之寬宏大量，我爲人子者回想往事，不禁痛哭欲絕」。

一九三七年三月，蔣經國打包行李，攜帶妻子芬娜和幼兒艾倫返回闊別十二年的中國。蔣經國和方良母子在蔣介石的指示下，先拜見了宋母美齡。宋美齡闊氣的包了十萬元大紅包給經國，要他去打理返國生活上所欠缺的東西。而據王月曦所寫《毛福梅與蔣家父子》文中所述，蔣經國剛回國兩手空空，便把宋美齡送給他的見面禮十萬元都交給親娘。毛福梅也不推卻，用這筆錢購置了三十畝田產。

蔣經國返國之後，外面卽傳聞宋母美齡對他有敵意，母子不合成爲小道消息。甚至成爲外媒的報導題材。一九三九年一月二十五日，蔣經國在日記寫到「閱讀俄文報知道，日本方面有一消息說，宋母不許我和父親見面，同時說我不滿於宋，眞是無中生有，從這一點就可以看到日本之無恥矣」。

但是，客觀環境來看，宋美齡是蔣介石的第一夫人，靠孔宋財團的財力才使他重掌黨政大權，接著便要一統江山。而蔣經國則是蔣介石的獨子，是他計畫中的接班人選，繼母、繼子之間產生摩擦不合，是人性也是環境使然，完全可以理解。

即使到了台灣，一九九三年中央社還做了一則新聞，標題是：經國先生曾投書《時代雜誌》。原來美國《時代雜誌》（Time）曾出版了一本題爲《親愛的編輯——寫給時代的信》的精裝書，其中收集六十多年來的名人投書。入選的中國名人就是蔣經國，那是一九三八年的事，那麼他爲何投書呢？原來還是要澄淸他和宋母沒有不合。

民國二十七年（一九三八）蔣經國投書給《時代》，內容是：「由於貴刊是一份相當負責任的刊物，我很驚奇的發現，在一月三日的一期中，刊出一篇歪曲事實的報導，完全誤解我對蔣夫人宋美齡的態度。我深深以有這樣一個繼母爲榮。她在我們國家面臨最大危機時表現出最大的勇氣，並對我的國家和父親盡忠。她對我也很慈善和關心。我必須向貴刊要求，更正這一篇不正確的報導，以表明我對她的敬意。蔣經國啟」。《時代》當時刊出這封信之外，還附了一個編者按語：「蔣先生對繼母孝順敬愛，我們很抱歉未經查證錯誤傳言，而予以報導。」但所謂此地無銀三百兩，越是要澄清的事，越可能是眞有其事了。

剛從社會主義國家蘇聯勞改回來，蔣經國看不慣資本主義的繁華世界，而偏偏孔宋家族就是資本主義極致的代表。

一九四〇年十月蔣經國到香港和蔣緯國會合，並拜見在香港的宋美齡，他對燈紅酒綠的香港很不適應。二十八日他的日記寫下：「到香港在孔公館拜見母親（宋美齡），發現香港之奢華。香港什麼都有，就是沒有人應過的生活，我認爲將香港改爲臭港較宜」。十一月一日又寫一段香港：「紅綠姑娘，汽車在大路上駛來駛去，香港生活是夜生活……，科學家辛辛苦苦發明汽車，難道是爲了這一般社會的寄生蟲享受的？天地生下女子來，難道是爲了這許多社會上的敗類當玩具的嗎？」「早晨三時三十分上飛機，起飛脫離了香港之後，覺得精神格外痛快，好像是脫離了鬼世界一樣，好像是從惡夢中醒來」。這就是蔣經國對香港紙醉金迷的印象和感受。

同樣對於宋美齡寵愛的孔家子女，蔣經國也是看不順眼。一九三九年四月他在重慶陪伴父親時，孔祥熙的長公子孔令侃來拜訪蔣介石，四月七日蔣經國日記記下這一段不愉快的經驗：「孔院長之大兒子孔令侃來見父親，他非常驕傲，當我送他到大門上車的時候，他不但不跟我握手，而且理都不理我，跳上汽車就走了，眞是不講道理之至矣！我並不要他的手握，而是看了他這種卑鄙驕傲的狀態，爲他自己的前途悲觀。他大概自己認爲有學問，有地位，同時最要緊的是有錢，所以可以目中無人，看我大概是一個鄉下人。我並不要他看得起我，倘使他看得起我，要和我好，那我一定是走錯了路。唉，錢之害人大矣哉！」後來蔣經國一九四八年在上海「打老虎」時，就跟孔令侃正面對著幹。

但其實宋美齡有著超強幫夫運，沒有宋美齡就沒有後來的蔣氏王朝，這說法並不誇張。她的強勢不僅來自她有家財萬貫的娘家靠山，還有她在美國求學成長的知美背景，以及天生的美貌、智慧和語言天份。對日抗戰來臨，也帶來她人生的巔峰時刻。一九四三年二月她勇敢的飛向美國，向美國國會發表擲地有聲的演說，呼籲國際友人助華抗日，中國軍民奮力禦侮的事蹟終爲世人所知。宋美齡在外交上的竭智盡慮、傑出表現，獲得美國媒體和人民熱烈反響與同情。《時代》、《生活》和《財星》三大雜誌創辦人亨利・魯斯對中國的傾力支持、對蔣氏夫婦的大力推介，使蔣夫人在美國成爲家喻戶曉的人物。

「宋美齡的東方氣質和西方談吐，爲男性政治帶來了引人入勝遐思。她是一個頗具女性魅力的第一夫人，除了精通權術，更深知如何將其魅力轉化爲說服力。《時代周刊》指出，一九四三年二月十八日蔣夫人的演說使國會議員爲之動容，其因不在演講的用字遣詞，而在於演講者是個女人。她的手勢、她的聲音以及她眼中所閃爍出的光芒，使衆議員如醉如痴。衆院議場被一個嬌小的東方女性政治家所征服。二次大戰期間的英國參謀總長布魯克（Alan Brooke）認爲，宋美齡利用『性和政治』（sex and politics）以遂其目的。這些目的包含了中國國家利益和蔣孔宋的家族利益」。[4]

對美國國會演講之後，在美國總統羅斯福的促成之下，一九四三年十一月二十二日至二十六日，蔣介石和宋美齡出席開羅會議（Cairo Conference），是第二次世界大戰期間重要高峰會議之一。在埃及王國首都開羅召開的開羅會議，由英國首相邱吉爾、美國總統羅斯福和中國國民政府主席兼軍事委員會委員長蔣中正出席，宋美齡則陪同親自擔任翻譯。會中商討反攻日本的戰略，及戰後國際局勢的安排。開羅會議確

4　見林博文著《跨世紀第一夫人宋美齡》。

立中國與美、英、蘇成為世界四強的地位，對中國國運和蔣宋政治前景意義重大。

英國首相邱吉爾在回憶錄中提及他對蔣介石的正面看法，他說：「這是我第一次見到蔣介石，我對他的冷靜、含蓄和敏捷的性格頗有印象。此刻是他的權力與名望臻至頂峰之際，在美國人的眼中，他是世界最顯赫的角色之一。他是『新亞洲』的龍頭。」邱吉爾說，他和蔣夫人曾有頗為愉快的對話，「可看出她是一個非常特殊亦極有魅力的人」。對日抗戰勝利之後，更將蔣介石和宋美齡推上國際政治舞台，是他們人生最高光的時刻。

然而，宋美齡有耀眼的外交成就，卻也有令人非議的不同評價。她出生於豪門世家，在美國接受貴族菁英教育，實際上和貧苦的中國社會沒有交集，也不能體察社會上要求棄舊革新的脈動。美國總統羅斯福夫人曾說：「蔣夫人能夠把民主政治的道理說得頭頭是道，但不知道如何在中國實施民主，或是不願意落實民主」。

戰時兩度赴華的《時代》及《生活》雜誌女記者安娜麗．賈克貝（Annalee jacoby）回憶，有次蔣夫人請她在重慶一家餐館吃中飯，飯後蔣夫人掏出美國駱駝牌（Camel）香菸請她吸菸，她看到牆上貼著：「愛國的中國人不吸菸，耕地要為抗戰生產糧食」，卽對蔣夫人說：「我是吸菸的，但看到牆上那些標語，我不好意思吸，怕會冒犯妳。」蔣夫人開心地笑答：「那是給老百姓看的」[5]。宋美齡輕率的流露出統治者的階級意識。

「一九四六年夏天，一群採訪馬歇爾調處國共衝突的中國記者在牯嶺小學訪問宋美齡，有位記者問她：『宋子文和孔祥熙做了那麼大的官爲何還要經商賺錢？』宋美齡不高興地答道：『經商賺錢有什麼罪過？你們難道沒有看見美國的高官不少出身於商界。』」[6]宋美齡顯然故意裝糊塗，經商賺錢沒有錯，重點是位居高官，利用特權獲取暴利就是腐敗。

蔣介石的頭腦中，欠缺法治觀念，而家族主義則是他眞正的價値觀。所以國民政府成立後，以至於抗戰期間，國家財政皆委託於其姻親孔祥熙、宋子文二人。或者說，蔣搞革命的目的就是要集中權、錢，建立自己的王朝。前北大教務長兼代理校長博斯年，一九四七年二月十五日在《世紀評論》發表擲地有聲的〈這個樣子的宋子文非走開不可〉，引起社會上極大的反響。傅斯年說：「同樣的行政院長，前有孔祥熙，後有宋子文，眞是不可救藥的事。今天的政治嚴重性不在黨派、不在國

5　同註4。
6　同註4。

際，而在自己。要做的事多極了，而第一件事便是請走宋子文，並要徹底肅淸孔宋二家侵蝕國家的勢力，否則政府必然垮台」。

一九四七年春天，中央日報終於揭發孔宋家族弊案，實情是南京國民參政會首先抖出宋子安的孚中公司和孔令侃的揚子公司，運用特權向中央銀行結匯，再從國外購買禁止進口的汽車、無線電器材銷售牟利，破壞進出口貨物管制條例的醜聞。南京《中央日報》副總編輯兼採訪主任陸鏗指派財經記者漆敬堯採訪這項大新聞。寫成報導於一九四七年七月廿九日刊登，刊出重點爲：（一）孚中公司和揚子公司在一九四六年三月至十一月間，八個月即結匯三億三千四百四十六萬美元，佔中央銀行同期內結匯美金的百分之八十八，足可稱之爲特權機構。（二）在政府明令禁奢侈品進口前，孚中公司已訂購二百輛吉普車，在禁令後又增訂五百八十輛，由海關護航進口。此外，在禁令後，孚中公司憑關係獲得許可進口無線電設備一〇八箱，內有收音機四十臺。（三）揚子公司訂購五十輛奧斯丁轎車，運回國內銷售牟利。[7]

國民黨機關報《中央日報》自己揭發孔宋家族貪腐特權的新聞，立刻驚傳全國，外電亦紛紛加以報導。宋美齡在上海看到英文報紙大肆轉刊此新聞，憤怒地打電話質

7　同註4。

問蔣介石。後來在《中央日報》總主筆陶希聖的授意下，該報於兩天後的七月三十一日刊登啟事，指說前日報載孚中、揚子及中國建銀公司結匯數目「漏列了小數點」，將這三家公司結匯的三億多萬美元，一變爲三百多萬美元，一口氣減掉了三億多美元。這個拙劣的手法，大家心知肚明。而蔣介石還作態要追查何人向《中央日報》洩露消息。

一九四八年，國民黨不僅在戰場上節節敗退，在經濟上、社會上和人心上亦急速逆轉。爲搶救惡劣的財經情況，蔣介石於八月宣布成立經濟管制委員會，任命俞鴻鈞、蔣經國爲東南區經濟督導員。這就是蔣經國上海打老虎的開端。

立功心切的蔣經國推出「勘建大隊」以整頓上海金融、物價。幹勁十足的小蔣逮捕了杜月笙的兒子杜維屏等特權階級，人心大快。但青幫老大杜月笙不甘兒子被懲處，而要求蔣經國也檢查孔令侃的揚子公司倉庫。蔣經國毫不遲疑，命人至揚子公司全面檢查。查到了棉花、紗、布、日用百貨、鋼管、糧食等二萬多噸囤積貨品，乃全部沒收，並封閉倉庫。

孔令侃聽到小蔣查封揚子公司消息，立即自上海赴南京向小姨媽告狀，請她要求姨丈蔣介石下令淞滬警備司令宣鐵吾不要查封揚子公司。

當時正在東北督戰的蔣介石，於十月七日經葫蘆島、塘沽到了北平，他對華北剿匪總司令傅作義說，第二天就要到上海，傅以爲蔣去上海是爲了發表雙十節談話，卽勸蔣勿去，留在北平商討北方戰局。事後他才知道蔣經國在上海「打老虎」，要懲辦投機倒把、擾亂金融的孔令侃。老蔣因得到宋美齡催駕的消息，才放下前方戰事，急忙到上海處理「家事」。

淞滬警備司令宣鐵吾告訴去查封倉庫的程義寬說：「總統罵我派人去查抄揚子公司，說是要造反了，總統明明知道這件事情是經國搞的」。宣鐵吾馬上回上海面告蔣經國，勸他不要搞了，免得使總統爲難。蔣經國於是停止檢查活動，之後所有原來查封的物資，自然而然地解封了，打老虎弄得個虎頭蛇尾。這些貨品，大概在一九四八年底以前統統運走了。揚子公司自己有輪船載運，大部分運到香港，也有一部分運往台灣。」一九四九年四月十一日出版的《生活》雜誌登了一張剛運到基隆碼頭貨輪的照片，船上的多部轎車，就是孔令侃的財產。

蔣介石爲楊子案到上海後，蔣經國和上海市長吳國楨一早九點鐘前往晉見，報告限價執行情況及市政措施。同時間蔣宋美齡亦親自陪同孔令侃駕車前來。在蔣介石示意之下，揚子公司一案遂虎頭蛇尾，不了了之，上海市民閱報輿論嘩然。蔣經國當時敢怒不敢言，內心對孔宋家族埋下更深的怨懟。

吳國楨多年後向作家江南（劉宜良）透露：「揚子公司案發生後，蔣先生正在北平指揮關外的軍事，曾給我一個電報。電報內容指定我去接辦揚子案，並要我『立即覆命』，我卻故意擱置。到了第四天，蔣夫人給我打來一個電話，問我電報收到沒有？」江南說：「吳國楨承認，揚子公司案是由於蔣夫人的干預不了了之」。

抗戰勝利不到四年，中國半壁江山已「赤焰遍天」。任教聖塔芭芭拉加州大學的華裔史學家徐中約認為導致國民黨失去中國大陸主要原因，有通貨膨脹與經濟崩潰，進而失去民心；之所以變色並非共產黨打敗國民黨，而是國民黨自己打敗自己。國民黨的自我戕害，孔宋家族的營私誤國，無疑也佔極大的因素。然而蔣介石允准孔宋觸鬚盤繞政府方針大政的作爲，尤須負完全責任。

一九四九年大好江山終於全面丟失，蔣介石偏安台灣建立自己的小朝廷，力圖整頓，改造黨務政務系統，台灣政壇屬於另外一批人掌管了。蔣介石已決心開創新局，並培養蔣經國爲接班人。這時孔宋的時代已經過去了，只是宋美齡不一定清楚。

一九四九年大陸淪陷之後，孔令侃移居紐約，宋美齡對這位外甥十分賞識，好幾次向蔣介石力薦入閣，都因老蔣已經決定培植蔣經國，不讓孔宋家族打亂他的接班布局而不成，最後孔令侃只撈得一個「總統府國策顧問」的虛銜。

「一九七二年初，台灣正值第五任總統及副總統選舉，元旦新年後，孔令侃奉宋美齡之召回到台灣。此時蔣介石的身體已經江河日下，宋美齡希望在蔣介石還管事時推薦孔令侃擔任行政院院長，延續孔宋家族的政治影響力。據傳宋美齡曾當面向蔣介石說：『令侃在美國極力爭取我們的權益，爲國家做了那麼多事，我認爲，令侃是最好的院長人選。』但蔣介石明確地告訴宋美齡，不能讓令侃做院長。宋美齡不死心，某日下午，宋美齡對蔣介石說：『我知道你對經國期盼深切，但是，你曉得令侃也爲國家做了不少事，現在，美國只想和中共建交，根本不把我們當回事。如果不是令侃，美國待我們將更刻薄。他在美國爲你做了多少事情，難道你完全不在意嗎？』」[8]

縱使宋美齡再怎麼推薦，蔣介石毫不退讓。宋美齡轉而說：「不給令侃做院長，那麼副院長總可以給他做吧！」蔣介石還是不同意，回道：「就算過得了我這關，你認為黨裡面的同志會心服口服嗎？」蔣介石很清楚，假如蔣經國和孔令侃一個當行政院院長，一個當副院長，萬一兩人不同調，院長和副院長之間形成僵局，會很麻煩。但宋美齡仍一再堅持推薦，蔣介石憤怒至極，告訴宋美齡，如果再強行引薦孔令侃，他寧可不再尋求連任。宋美齡最後迫於時勢，只得「退讓」，蔣經國這才順利接班。[9]

黃清龍《蔣經國日記揭密》寫到「一九七五年春天，蔣介石此時已進入病危階段，孔令侃又從美國回到台灣。蔣經國三月九日日記記載：『下午處理公務完畢之後到士林向父親辭行時，在另一房間遇見孔令侃，見之不但厭而且恨，此人對公對私皆害了不少。不過今日雖然有害，但是已起不了作用，把他忘了就算了』」。

一九七五年四月五日蔣介石去世後，蔣經國已經無所顧忌，在治國方針上，他不再需要宋美齡的意見，他要獨當一面，開創一個屬於他自己的時代。蔣家御醫熊丸說：「先總統過世後，經國先接任總統。當時他與夫人對外交的意見不

8　見黃清龍著《蔣經國日記揭密——全球獨家透視強人內心世界與台灣關鍵命運》。

9　同註8。

一致，夫人便對經國先生說：『好，如果你堅持己見，那就全由你管，我就不管，我走了』。自此夫人便到美國紐約居住不回來。」10

直到一九七八年，蔣經國面臨國政最大的危機，卽華府和台北卽將斷交，而和中共政權建交。十二月十六日凌晨，美國大使安克志奉命緊急請見蔣經國，告知美國將承認中共政權。蔣經國除了做好內部應變，十六、十八、十九連續三天函電宋美齡，向她報告「美匪建交」最新情勢及黨內緊急處理情形，函電中還說：「鑑於美匪關係既成事實，必將有大批匪類赴美，勢將嚴重影響大人之行動與安全。兒經一夜不眠之深思，極慮！特馳電請示，不知大人健康情形是否能考慮回國，並候賜示。」電文末照例寫上「兒經國跪叩福安」，表現得十分恭謹有禮。11

但是在紐約的宋美齡並不領情，沒有回台和經國風雨同舟。

一九七九年初，蔣經國開始與美方進行艱苦談判，日記中不斷出現對於「紐約」（卽宋美齡）的批評。二月十日他接到宋美齡函電，二月十四日記記下：「歲寒心更寒，『紐約』意氣用事，來電責備對於中美談判不當。對於此事之處理至感苦痛。但是我不得不以良知爲主，國家利益爲重，而不可奉迎爲之，個人之榮辱不足計也。」12

據黃清龍《蔣經國日記揭密》一書指出，「紐約」來電究竟責備什麼？對照已公開的宋美齡資料，原來是指台灣同意斷交後設立北美事務協調委員會，以辦事處取代原來的大使館一事。當時迫於美方堅持斷交後，台灣不能再有大使館存在，爲了維繫兩國交涉與往來，蔣經國只得採取權宜措施；內心其實十分忐忑，但他自問已經盡力了。

宋美齡給予的壓力，讓蔣經國久久無法釋懷。而當時外交部次長楊西崑奉派赴美善後，任勞任怨經歷了一次很大的考驗。三月四日蔣經國日記記下：「西崑談起孔令侃和他的對話，極感憤怒。孔某不講理、無情無義到如此地步，非人也。令我想起多少孔宋禍我國害我家之往事，本不想再算舊帳，但是何能忘耶！」

三月四日是宋美齡生日，蔣經國特別派蔣孝勇去拜壽，以表心意。蔣孝勇回國後向他報告拜壽經過，三月十八、十九日記卻寫下：「誠心善意派勇兒赴紐約拜壽反被辱罵而返，斷非我始料所及。如此無情無義、無理取鬧、借題發揮在與政治毫無關係的小孫身上，如何不令余痛心？數天來爲此而日夜寢食不安。」

---

10 同註4。

11 同註8。

12 同註8。

「孔家陰魂一天不消滅，我蔣家就沒有一天安寧了。」[13]

歷經艱難挑戰，蔣經國終於勵精圖治，走出自己的時代，卽使強勢的蔣夫人也有江山不再，時不我予的感嘆。到了李登輝時代走的是「國民黨台灣化」的政治路線，與宋美齡更是差異極大。她奮力一搏的「我將再起」，要推國民黨集體領導，反對李登輝接任國民黨主席，只是茶壺裡的風暴，在台灣社會已激不起漣漪了。

二〇〇三年十月二十四號，已經一〇六歲高齡的宋美齡在美國紐約曼哈頓去世，按照宋美齡生前的遺願，她選擇紐約市郊的風可利夫（Ferncliff）高級墓園，作爲她長眠安息之地。孔宋家族成員，除了宋慶齡、宋子安，全都長眠於此。和她同時代的人都已走入歷史，丈夫蔣介石、少帥張學良，甚至蔣經國等兒孫輩，都早她離世，而她獨自擁有穿越三個世紀的人生。只是最終在中國、在台灣的歷史場景，她消聲匿跡，緣分已盡，獨留落日餘暉向晚。

13 同註8。

第二十五幕

滾滾紅塵——姚冶誠、李子青和介眉

一九一一年蔣介石從日本回來，一邊搞革命躲躲藏藏，一邊卻在燈紅酒綠的上海灘尋歡獵豔，有一段放浪生活。在《陳潔如回憶錄》裡，對蔣的歡場生活有一段生動的描述。

有一天蔣介石和陳潔如婚禮的證婚人馮介文來訪，馮看到陳潔如很興奮地說：「我很高興，介石終於在妳這裡找到了他的理想。你們兩人很相配。看他！他正一片得意，如花盛開，從此不必再如年前一樣，去荒唐放縱了。現在他將學習如何安定下來，不再在上海到處撒野種。可是，要當心看住他，他很狡猾！」。[1]

「你太胡說八道！」蔣介石不耐地叫了出來。馮介文還是不肯停止地說：「我們

1 見《陳潔如回憶錄》。

一共逛過幾次窯子?吸引你去那種地方的是那些性感姑娘，我可沒鼓勵你去!事實上，好多次我都勸你不要去，但是你堅持又堅持，記得嗎?」「閉嘴!」介石大喊。但是這個大嘴巴仍不停的說下去：「你的確是一位風流瀟灑的大情人。你對醇酒婦人，有一種不能控制的衝動，在你的緋聞裡，有些已經在你的夥伴之間，成爲聞者受驚的閒言閒語。跟你上床的對象，實在雜得驚人。你太好亂交，以致有『交』無類。哈，哈，哈!」[2]

陳潔如新婚不久，聽到這種話，確實感到震驚又難堪，不願再聽下去就走開了。從陳潔如這段回憶錄裡得知，一九二一年在跟陳潔如結婚之前，蔣確實有一段時期的放縱人生。多年後回顧，有名有姓留下足跡的，就有在堂子裡從事過「姨娘」工作，曾經和蔣介石辦過幾桌酒席的姚冶誠。還有一個差點要幫她贖身的介眉。另外一個是最近蔣日記在台灣公開，才被赫然發現的名字「李子青」。李子青是誰?老蔣多年後竟然說，只有對她「終身不能忘情」!

姚冶誠出身貧苦，小名阿巧，出生在江蘇吳縣古老南橋小鎮上。父親名叫姚阿寶，小叔名叫姚小寶。阿巧是獨生女兒，不幸父母早亡，就依靠叔叔姚小寶爲生。

阿巧到及年時，雖然不是絕色佳人，倒也長得明眸皓齒。寶叔膝下無所出，就將阿巧認作自己女兒，準備贅婿成家。託人介紹撮合，多子嗣的沈天祥同意將次子沈天生入贅姚家，沈天生隨卽易姓叫姚天生，與阿巧婚後夫婦感情合好，雙雙去謀生。姚天生在西藏路八仙橋一帶跟隨叔父從事殯葬、腳力等體力勞動，姚阿巧則去做「娘姨」，所謂娘姨就是照顧高級妓女的女人。

這時的姚天生手頭較寬裕，常到寧波路口朝陽樓吃茶，吸鴉片煙。他漸漸地染上了這些惡習後，既花盡了血汗錢，也耗身損志。喝了酒之後，不如意就對阿巧拳打腳踢，由此夫妻感情日益惡化。隨著煙癮越來越大，姚天生入不敷出，終於窮困潦倒。後來阿巧到上海五馬路群玉坊的一家堂子裡做娘姨（又稱小大姐），那堂子裡只有一個「先生」（對高級妓女的稱呼，這種妓女能吟詩作詞、彈唱應酬，有一定的文化修養），有兩個娘姨服侍她，阿巧負責管理「先生」的衣物首飾，爲「先生」梳頭，並做招待客人等輕巧活，俗稱細作娘姨。[3]

蔣介石留學日本，一九一〇年在振武學校學習時，經陳其美介紹認識了孫中山，投入革命。一九一一年蔣回到上海，在上海歡場裡走動，結識了姚阿巧，阿

---

2 同註1。

3 見傳記文學出版《國家元首妻妾錄》。

巧善體人意，刻意討蔣歡心，一來二往，感情漸濃，終於同居。後來，姚寶叔承諾了這門親事，蔣介石還出面補辦了喜酒。辛亥革命後，蔣積極參加反袁護法行動，往返日本、滬杭、山東等地，蹤跡不定。姚氏不僅安心隨蔣，而且把平時省來的積蓄資助他，因此，姚氏雖然出身低微，又沒文化，但蔣對她懷有感激之情。後來蔣介石收養戴季陶和日本女子愛子所生小孩，取名蔣緯國，即交給姚冶誠扶養，姚冶誠母以子爲貴，方得以在蔣家落腳。

姚氏帶著蔣緯國來到蔣的奉化老家，這段時間她與蔣母王采玉同住一起。她對婆婆十分孝敬，對蔣的髮妻毛福梅極爲尊重，對蔣經國也視同己出，愛撫有加，闔家相處融洽。蔣介石見姚阿巧沒有讀過書，特地請了福梅的結拜姊妹，作新女校畢業的陳志堅教她讀書識字。

姚冶誠人尙聰明，跟陳志堅學得也頗認眞，不出半年就能寫簡單的信。心思細膩的姚擬了一信，叫緯國用稚嫩的字抄在信箋上，寫道：「我已經好久沒有看到親愛的爸爸了，心裡非常想念，如果我能長上翅膀，我一定飛到廣州去探望我的爸爸了。」信中還附了緯國的全身照，寄往廣州。蔣讀後感動不已，想起緯國的種種可愛之處，於是發出電報，叫姚冶誠帶著緯國到廣州來相會。

「姚冶誠母以子榮，堂而皇之地攜著緯國跨進了粵軍第二中將參謀長的公館。緯國母子到廣州，把女主人陳潔如推到十分難堪的境地，最後蔣介石說服陳去上海，才把這個難題暫時解決。但是，姚雖然可以暫代主婦的位置，在社交上畢竟無能爲力，沒過多久，蔣就把潔如自滬接回。姚氏無可奈何就返回奉化」[4]。

不料姚冶誠回到溪口後，卻向毛福梅把廣州的繁華、陳氏的得寵，加油添醋描述一番，演出「小三抱怨小四」的情節！她以爲毛氏聽了，會去廣州大興問罪之師，誰知毛聽了，只是淡淡地一笑置之。

一九二七年底蔣宋聯姻，姚冶誠帶著緯國移居蘇州，仍由蔣負擔生活費用。後來姚在蘇州南園擇地建新宅，當地人稱這個漂亮宅第爲「蔣公館」。

姚氏在大陸淪陷前夕隨蔣介石到台灣，經國、緯國兄弟竭盡孝道。但據說姚氏的心境不如居住在蘇州南園時好，身體衰老得快，一九六六年病逝台北。

一九五〇年二月廿三日，蔣介石日記突兀的有下面這段記載：「近日事務較忙，朝夕各課皆覺心神粗浮而不能精微，而且時起報復之意，此乃虛驕之始。又對過去恩

4　同註3。

怨亦沉浮無定，而對李氏子青之想念爲尤切，相離已卅四年，不知其人究在人世否，奈何戀痴若此，惟此一氏，使余終身不能忘情耳」。

蔣介石日記忽然冒出一位女子「李子青」的名字，引起外界諸多想像和好奇，李子青是誰？蔣介石爲何對她終身不能忘情？

一九五〇年二月底，蔣的心煩之事確實不少，以至於朝夕心神不定。此時他避居台灣，算是下野之身，三月一日才要正式宣布復行視事。這年他已經六十三歲了，國事如麻，卻忽然憶起三十四年前較單純的年輕時光。推算起來，介石和子青別離時間是一九一六年。而蔣日記裡曾經憶及，一九一四年在上海策動反袁世凱起義，因「夜訪子青」意外躲過追捕。

因此，蔣介石和李子青至少應於於一九一四年到一九一六年，這幾年之間有所往來，也就是他在上海的荒唐歲月時期往來的女子。而這時期是他娶過小妾姚冶誠，而和陳潔如相識結婚之前。李子青這個神秘的名字，除了在蔣日記，輕輕幾筆寫在內心角落之外，並沒有浮上檯面的紀錄，原因可能是這位女子無法帶出場，也不能見諸公開書信裡。那麼這位年輕女子，會不會就是蔣在上海茶肆酒樓裡認識的紅牌「先生」。蔣曾因夜訪子青，意外的救了自己一命，使他感念在心。撤退來台之後，偶而憶起故人，竟自問，不知她是否仍在人世間，「奈何戀痴若此」。

當時的蔣介石剛從大陸撤退的亂局中安頓下來，驚魂甫定之際，或許讓他聯想到昔日「夜訪子青，躲過追捕」的歷歷往事，由此倍增悠悠思念之情。無論如何，經過歲月沖洗，蔣對子青仍懷著美好浪漫的回憶。但其實有些時候「相見不如懷念」，留在回憶裡可能是比較美好的。

而和陳潔如認識之前，老蔣還有一個讓他心動、心煩、氣惱不已的煙花女子介眉。一九一九年二月蔣介石在日記裡曾經自省「好色爲自污自賤之端，戒之，愼之！」但碰上心動的青樓女子介眉就沒辦法了。一九一九年三、四月間，蔣介石回上海後，又和介眉相處一月餘，事後又懺悔：「母病兒啼，私住上海，而不一省視，可乎哉？良心昧矣！」。

因爲介眉太迷人，蔣介石似乎有意爲介眉贖身，但可能條件沒談攏，而未能如願。爲此，蔣介石發怒要與介眉斷絕關係。於是乎，介眉於五月二日用吳儂軟語給介石親阿哥寫了一封纏綿的短信，信中的大意是：「介石親哥哥呀，你說我是重利輕情的人，好像禽獸一樣，你話說得也太過分了！就因爲不把正約寄給你，你就要跟我斷絕來往，可我的終身早已付給你了，不過少張婚約。我生是你的人，死也是你蔣家的鬼」。但蔣介石餘怒未消，似乎看破了，他十月的日記寫道：「妓女熱情冷態，無非以金錢爲轉移，若看破這點，所謂戀愛不過嚼蠟罷了」。又說「今後禁入花街狎妓，其能乎，請試之！」蔣介石立志要遠離花街，稱「吾能自醒自新而不自蹈覆轍乎?!色卽是空，空卽是色，世人可以醒悟！」。

有意思的是，介眉似乎還在找尋這位老情人，使得蔣介石躲在戴季陶處。「潛寓季陶處，半避豺狼政府之毒焰，半避賣笑妓女之圈術」。

只不過一想到歡場就色心騷動的蔣介石，如何可以遠離上海灘這個花花世界？說到底還是青春洋溢，潔白無瑕，接受西式教育的漂亮少女陳潔如出現了！蔣介石在革命前輩張靜江的家裡見到陳潔如，兩眼發直，如痴如醉，很快就去追年僅十三歲的潔如了，追了兩年終於休掉毛福梅，正式迎娶她。

第二十六幕

蔣孝文一生遊戲人間

蔣孝文一九三五年十二月十四日出生於蘇聯斯維爾德洛夫斯克州，他出生時，父親蔣經國仍遭蘇共留置在西伯利亞，靠著辛勤工作得以擔任烏拉爾重機廠副廠長。作爲蔣經國人生第一個兒子，孝文出生當時爹地尼古拉（蔣經國）和媽咪芬娜（蔣方良）非常高興，元旦時特別找了好友來家裡慶祝。但隔年夏天，蘇聯內鬥加劇，隨著史達林「大清洗」開始，一九三六年九月尼古拉丟了工作，僅靠芬娜女工的薪水養活一家，孝文可以說是他們夫妻在厄運之中懷抱的希望。

外界常說，孝文和父母在蘇聯有一段共患難吃苦的日子，所以父母最寵愛他，這在蔣經國返國後一九三九年的日記裡，確實有著追憶記載：

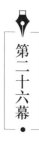

「昨夜和方妻談起蘇聯生活狀況，過去困苦的生活深印在我腦中，將永遠不忘。我倆的愛發生於極困難的環境中，結婚後有時沒錢買麵包，曾經餓過一、二天。孝文生後，有時無錢買牛奶，自己不食，將節省下來的錢替孝文買米粉，無錢替孝文買衣服，曾將我和方妻的舊衣服改製。我自己有二年光景未曾買過一雙袜，一雙鞋，一件衣服。可是我在生活越困難的時候，精神越好，今日回想過去生活，覺得不但有意義而且有價值」。

所幸半年後一九三七年三月，蔣經國終於獲得史達林批可，打包行李，攜帶妻子芬娜和幼兒艾倫回到闊別十二年的中國。蔣介石和宋美齡看到蔣家第三代的長孫小艾倫，一雙靈動大眼睛，和一頭天生捲髮，覺得可愛極了，立刻爲他取了中文名字蔣孝文。

孝文回到中國後，也許是爲了補償他在蘇聯物質缺乏的遭遇，他得到父母全心的照顧和寵愛。經國在日記裡經常寫到「文兒」如何可愛，如何聰明等等。

一九三九年一月八日經國在贛南日記上寫著，收到奉化妻子寄來文兒章女之照片，「我看了非常快樂」。十九日又接到方妻的來信「接到方妻二封信並文兒章女照片各一時，心中非常快樂」。經國和方良談起文兒、章女時，總是覺得快樂和滿足。

孝文跟父親蔣經國尤其十分親熱，二月二十六日，經國日記寫著：「今日文兒早起後，即向我接吻問安，並給我橘子吃，天性之愛也」。六月二日又寫到：「早晨五時起身學唱歌，並寫信給母親慰問。文兒對我非常親熱，這是眞誠的愛」。接著日軍空襲贛州，他得趕快將妻兒送到通天岩鄉下，六月十四日日記，「上午四時三十分起身同妻整理行李，五時三十分與妻和兒女握別，送他們到通天岩居住，當我對文兒說『你今天同媽媽到通天岩，爸爸明天就來』他就大哭起來，父子之愛乃天愛也」。

幼時的文兒活潑可愛，和蔣經國互動親熱，帶給父親無限快樂。早上晨起在床上和文兒章女作遊戲，是經國覺得最快樂的一段時間。在戰爭邊緣，忙碌的贛州政務之餘，能夠有機會敍天倫之樂，蔣經國覺得，實爲最愉快之事也。

但從小開始，蔣經國也在孝文身上灌注了滿滿的期待，希望他成爲優秀傑出的革命軍人。但孝文回到中國就含著金湯匙過日子，讓蔣經國有意無意間也覺察到，要使他過簡樸的生活才行。二月六日蔣日記寫下「文兒章女年齡雖幼，但都很健康聰明，心中非常高興，但是覺得他們的生活太舒服了，太奢華了，恐怕將來養成驕傲的習氣，所以今日應當使他們的生活，力從節儉，我希望他們成爲民族解放革命中的有力戰士」。

六月十六日又寫著：「下午同方妻文兒到河邊散步，看到農產物有豐收之兆，心中非常快樂！在農村中看見一間極小的房間，文兒說這是關牛的，可是實在是住人的，文兒自小卽過優裕的生活，安知『痛苦』二字，待其稍長，應當以『苦』教之，才有希望」。

有一日經國到靑年團去看文兒讀書，看他坐在孩童之間，非常用功，看了之後心中非常快樂！蔣經國對孝文的期待是，要他認眞讀書，「希望他成功立業，將來成爲革命戰士」。

這樣被期待成爲革命戰士的蔣孝文，到台灣之後完全和父親的期待背道而馳，他集三千寵愛於一身，是不可能理解什麼是「苦」日子的。而有一個關鍵因素是，祖父蔣介石讓高中時期的蔣孝文開始配槍、打獵，覺得這樣才有英武之氣。在當時槍枝管制的社會，這把槍讓他闖了很多禍事，要蔣經國去收拾。而蔣家威權統治台灣，人人知道他是蔣家金孫，父親蔣經國是未來政權接班人，因而處處讓他、處處巴結他，養成他目無法紀、唯我獨尊的性格。而蔣經國希望他認眞求學，卻沒有時間好好管教，母親蔣方良中文不行，無法陪讀。孝文高中學業滿江紅（很多科不及格），最終更從陸軍官校輟學，成爲兩蔣父子心中極大的遺憾。

馬克．奧尼爾書上有一段對蔣家子女的感嘆：

「生於官宦之家，福耶？禍耶？是福，更是禍。福者，官宦子弟有尋常孩子不會有的機會——亮出家族顯赫的名字，就可以輕易敲開對等閒之輩緊閉的大門；爲著可能的個人或政治好處，你未開口，人家已忙不迭爲你效勞；他們不缺家傭、保鏢和鈔票；基於他們的背景，即使再囂張跋扈，黎民百姓，哪怕是警察、一般官員，也不敢拂逆他們。禍者，假設有人善待你，到底出於眞誠友誼，抑或有求於你？人家對你講好聽的話，究竟是肺腑之言，抑或奉承之語？」

所謂禍福相倚，蔣經國權位越高，蔣孝文受到的誘惑享樂，或說是逢迎利用，顯然問題越發嚴重。他在父祖輩的庇蔭之下，過著和台灣百姓不一樣的生活，他和當時物質缺乏的台灣社會有很深的隔閡。

不可能吃苦耐勞的蔣孝文，稍長後成爲叛逆少年。十五歲就從媽媽的衣櫃拿到

「555」進口菸，成爲酗菸的少年。初中雖然讀遠離塵囂的淡江中學，但每逢假日就到西門町混太保，一言不合就和對方大打出手。第一次被逮到西門町轄區派出所時，警員問他家長叫什麼名字？家住哪裡？孝文老大不理的指指牆上蔣介石玉照，警察耐不住了拿出寬皮帶準備抽打他，他小開（孝文喜歡侍衛叫他小開）就說：「你敢打嗎？我爸爸是蔣經國，不信你到長安東路十八號，問問門口的守衛」[1]員警發現苗頭不對，打電話到長安東路對街派出所查問，證實眼前這個小混混竟然是蔣經國的長子，牆上蔣介石總統的寶貝孫子，這下派出所主管趕快跟這位不良少年鞠躬道歉，客客氣氣的送他離開派出所。而全台灣的派出所、警察局都有蔣介石的玉照啊，他在牆上高高的注視著，成爲金孫蔣孝文無所不在的護身符。

蔣孝文在長安東路守衛眼裡其實是待人寬厚的少爺，而且有福同享很講義氣。有一回小小的警衛室裡擠滿了人頭，孝文和警衛們興奮的翻閱書刊，專注得血脈賁張，原來他們在看蔣經國房間偷出來的洋春宮，據說這洋玩意是警務處長陶一珊，不知去哪搜來孝敬蔣經國的。過了幾天孝文又搬來一套精美的「中國明清兩代男女交媾彩繪圖」，可見孝文和這班警衛交情夠好，好東西與好哥們分享。那時孝文不過十五、六歲，守衛也不過是二十出頭的年輕人，看著看著眼珠子快要掉出來，只聽孝文一邊提醒大家：「小心，別弄破了，那可是我阿爹最心愛的東西啊！」[2]

蔣介石軍人出身，自然喜歡兒孫輩舞槍弄劍有英雄氣慨，在他的允許之下，孝文讀中學時就有自己的配槍。有一回陪蔣介石駐蹕高雄西子灣，他少爺一時興起跑到蔣介石跟前說：「阿爺，我下午要去壽山上打獵！」蔣介石看見心愛的長孫一身英挺威武的獵裝，笑得合不攏嘴，連說：「好！好！好！」一時，侍衛們全傻眼，因爲壽山根本沒有野生動物，怎麼讓孝文打到動物不會空手而回？侍衛同志趕緊透過高雄地方上的關係，找到原住民同胞，買來兩隻活生生的山羌，用籠子關好，預先準備在一旁。果然，孝文在侍衛同志陪同下，壽山山上山下兜了一大圈，連隻麻雀都打不到。下午三、四點，侍衛把那兩隻嚇得全身發抖的山羌抬出來，用繩子牢牢綁在樹下。只見孝文拿起獵槍碰碰碰連打好幾槍，兩隻山羌已經渾身彈孔，一命嗚呼了！孝文交代侍衛拿到老先生面前現寶，老先生又是高興得合不攏嘴，只有他相信孝文是個神槍手了。

然而玩槍也終於玩出事了，根據《蔣經國情愛檔案》書上說，孝文剛進成功中

---

1 見王丰、翁元著《蔣經國情愛檔案》。

2 同註1。

學讀高中不久的一個傍晚，便衣組的同志李之楚，剛交班下哨，想回房間休息片刻。李之楚一進房門，但見孝文正躺在他床上，手上握著一把左輪手槍對準他胸口。孝文高喊一聲：「不許動！」李隨口說了句：「Alen（孝文英文名字），別開玩笑，槍枝走火會鬧出人命的」。孝文可能忽略了槍裡裝有子彈，鬼使神差之下，竟然扣下了扳機。只聽轟然一聲，一枚子彈直衝李之楚的胸膛而去，李之楚慘叫一聲後隨即倒地不起。從胸口噴出的汩汩鮮血滲濕了李之楚的中山裝，濺得房間滿地是血，孝文才驚覺自己闖下大禍。所幸後來李之楚救了回來，蔣經國補償性的爲他另外安排工作。

在目無法紀，處處有蔣家威權仰仗之下，蔣孝文一路荒唐鬧事可以說罄竹難書，也難有回頭路，這也註定蔣經國和蔣方良一輩子要爲他操心落淚。中學時期的「傑作」是，蔣孝文靠特權去讀成功中學，不愛念書只愛交女朋友，成績滿江紅卻要警衛攔截成績單，還攔截校長的信，最後校長潘振球登門找上蔣經國探詢才東窗事發。蔣經國氣得滿屋子打孝文，方良卻一把眼淚一把鼻涕的攔阻著。然而在嚴父管教之下，他還是惡行難改，半夜開家裡的吉普車出去鬼混。爲了怕引擎發動聲吵醒蔣經國，他叫警衛們把車子推到遠遠的長安東路上，才發動引擎揚長而去。

高中畢業，孝文大學聯考想當然爾考不上了，蔣經國找了當時教育部長張其昀想辦法，爲他特別開辦高中畢業生赴美國留學考試，定下的錄取分數是二〇一分，不料孝文只考了一六一分，張其昀硬著頭皮把蔣孝文放入錄取名單的倒數第三名。誰知有位田姓知名教授的太太，以家長身份前往教育部覆查考試分數。查閱成績之後，知道兒子以一分之差落選，當場難過掉淚。田太太懷疑考試不公，堅持要看看其他學生分數，工作人員被田太太吵得百般無奈，順手抽出幾份試卷給她看，不料有一份恰巧就是蔣孝文的。田太太定睛一瞧，眼珠子睜得大大的，蔣孝文的總分竟然只有一六一分！當場質問試務人員：「爲什麼蔣孝文只有一六一分就能錄取？」事務人員只能勸她別鬧事。

後來這件事被雷震知道，他的《自由中國》雜誌要報導，雷震的太太宋英勸阻他，怕他激怒蔣經國遭到不測。後來有人把材料輾轉給香港《自由人》雜誌，自由人於民國四十四年七月，報導了蔣孝文參加教育部出國留學考試內幕，讓蔣家很沒面子。

出國不成，蔣孝文遵從蔣家「習武報國」之家訓，進入高雄鳳山陸軍軍官學校就讀。兩蔣父子非常高興，給了他入學大禮物。在蔣孝文討要之下，蔣經國特地爲他買了一部美國進口重型機車。孝文便在入學前一天騎著這部新買的重型機車，從台北沿著縱貫公路，一路拉風的騎到高雄鳳山陸軍官校報到！

而爲了蔣孝文進陸軍官校就讀這件大事，蔣介石高興之餘，作出了一項重大決定，大大抬高陸軍官校的份量。民國四十三年六月陸軍官校校慶時，蔣介石下了一道命令，「官校學生自卽日起（按：卽自二十七期起），修業期間視同一般大學，改爲四年制，頒有大學文憑」。蔣介石並指示，陸官應以哲學、科學、兵學爲教育內涵，並求其融合於一爐，以造就文武合一、術德兼修之現代軍官爲目標，是爲新制的官校教育開始。[3]

兩蔣父子費盡心思，給孝文鋪著紅地毯進入陸軍官校就讀，但是孝文放蕩的心已經收不回來了，註定辜負了祖父和父親的深切期望。蔣孝文依舊過自己唯我獨尊的生活，卽使在官校那樣重視團體紀律的地方，他還是我行我素，成爲官校獨一無二的特權份子，不服管教抽菸、喝酒，每天夜晚動輒翻牆外出，和朋友兄弟四處歡聚冶游。從校長到班長，都曉得孝文的情況，但卻也都礙於他是老先生的長孫，有誰敢爲了他不請假而翻牆外出一整夜，就用軍法論處，或者按校規嚴懲呢？不論是羅友倫校長或是大隊長、區隊長、教育班長，都不敢動孝文一根汗毛。事情終於傳回台北士林官邸和長安東路十八號[4]。爲了不影響官校管理，蔣孝文終於在一九五六年底，以罹患鼻炎爲理由退訓，挫折的離開鳳山陸軍官校。

蔣孝文唸軍校，原本祖、父輩以爲可以光耀蔣氏門楣，但事與願違。可以想見，爲了蔣孝文，一紙命令修改官校體制的蔣介石有多麼失望！可以說，蔣家一路爲長公子蔣孝文求學開綠燈，可惜他總是不能步上正軌。

但蔣經國仍然希望他留在台灣接受大學教育，他曾經找孝文深談。在一九五七年五月十六日的日記有這一段記載：「午前在輔導會約兒長談，告其今日家庭之處境，以及余對於兒女之前途設想與用心之苦，勸其能在國內完成大學學業再做出國之計。文兒心中似有無限的傷痛之感，爲其處境而深表同情。」養子不肖，是蔣經國最深沉的痛苦，也是蔣孝文身爲蔣家後代的不幸與悲哀。[5]

蔣家沒辦法，爲了避免國內環境對蔣孝文身心的影響，只好再安排他出國讀書。蔣經國利用他在美國的關係，安排他進入「弗吉尼亞軍事學院」（Virginia Militalry Institute）。弗吉尼亞軍事學院建立於一八三九年，是美國最悠久的州立軍事學院，學院有一千七百名學員，其中近九〇%是男性。根據該校的官網，學校「提供嚴謹的教育，包括廣泛的本科課程，主修工程學、自然科學、人文科

3　同註1。

4　同註1。

5　見黃淸龍著《蔣經國日記揭密》。

學、社會科學。此外，與各科目融會貫通的領導藝術和人格發展，讓學生畢身受用。軍事訓練和學術訓練兩相結合，打造出高標準的課程，期待學員執行文職和軍事任務時，存德存智，克盡己職。兵營裡的房間家具極簡，每個房間住三到六個學員，每位學員共同負責打掃營房，以應付日常檢查」。但蔣孝文的英語達不到高要求的標準，不受約束的個性，也難以適應弗吉尼亞軍校嚴格的訓練，苦撐了八個星期便退學了。

而就在赴美的飛機上，他遇上了累世冤家的太太徐乃錦，徐乃錦容貌出衆，還是革命先烈徐錫麟的孫女，照理說，是門當戶對的佳偶，但即使這麼天賜的美眷，也管不住蔣孝文放浪不羈的心，在美國他照樣縱情聲色。有一次在高速公路嚴重酒駕超速，美國法院判定他必須坐牢，驚動了台北官邸和外館大使葉公超，幾經外交斡旋，才終於由美國國務院保他離開警局。

後來蔣孝文因爲徐乃錦懷孕而結婚。原本以爲蔣孝文和徐乃錦結婚之後能安定下來，不料他們卻從美國一路吵回台灣。回到台灣，蔣經國煞費苦心安排他去台電跟孫運璿工作，但不管在台電哪個業務單位工作，總有當地的分局長、地方人士爲蔣大少爺安排節目，夜夜笙歌，不醉不休。有一次在中山北路和朋友廝混，不知喝了幾瓶威士忌，竟開車狂飆，撞上馬路中間的安全島。Buick汽車車頭全毀，他的上下門牙全斷，三十歲不到就裝了一口假牙。

車禍後，他的情緒更失控，有一次跟徐乃錦吵架之後，邀朋友到中央酒店喝悶酒，兩、三個鐘頭後，就喝得爛醉如泥，還吵著要繼續，酒店都已經打烊，朋友死勸活勸，要孝文早點回家休息。誰知道孝文卻像發了失心瘋似的，從身上拔出一把配槍，在場衆人見他拔槍，全都嚇呆了，「小開」砰林砰啷連開好幾槍，把酒店裡的陳設打個稀巴爛。[6]當時戒嚴時期，台灣嚴格管制槍枝，只有他蔣大少爺可以拿槍到處打靶，傷人毀損，目無法紀。

民國五十七年秋天的某日，蔣孝文和平日一樣白天酒醉，搖搖晃晃走進台電桃園區管理處上班。走進自己的專用辦公室，他習慣性關上房門，獨自在房裡睡覺。直到下午三點多鐘，才有同事發覺怎麼都不見蔣主任？同仁感覺不對，打開蔣孝文房門一探究竟，發現他趴睡在桌上，口吐白沫，臉色蒼白，於是緊急送他到醫院急救。

蔣孝文輾轉從桃園送進台北榮民總醫院時，已經呈現半昏迷狀態。醫生告訴蔣經國，研判孝文可能是血糖過低，未及時補糖分或服藥，導致他不醒人事。最糟糕的

6　同註1。

是，醫生告訴蔣經國，因爲昏迷過久，即使甦醒之後，也可能因腦部缺氧，智能和行爲能力將永久受創。蔣經國聞言眼角濡濕，悲痛不已，想著從小聰明伶俐的文兒怎麼會變成這樣？想著小時候文兒拿橘子給自己吃的可愛模樣，蔣經國幾乎承受不住打擊，自責懊悔不已。

當天心情稍微平復之後，晚間九點多，蔣經國拖著沉重的腳步，離開榮總到士林官邸，向宋母美齡報告文兒出事了，之後經國無法面對父親先行離開，再由宋母美齡將這件蔣家不幸的變故告訴蔣介石。

民國六十年，孝文出院後某個星期假日，蔣介石召喚蔣經國一家、蔣緯國一家，到士林官邸家宴聚餐。孝文酒壺裡裝滿了和紹興酒一樣顏色的茶水。乾杯時，大家舉杯一飲而盡，孝文也跟著拿起「酒」杯，仰頭一飲而盡，一口氣喝了好幾壺「酒」，孝文就像幼童一樣開心，沒有發現酒其實是茶。

那天餐點當中有一盤饅頭，就擺在孝文面前，他就近拿起一個大饅頭張口咬下，可能是他咬得用力過猛，整排假牙鬆脫就黏在饅頭上。太太徐乃錦發覺孝文假牙掉了，馬上拿走他手上的饅頭，小心翼翼地取下黏在饅頭上的假牙，再幫孝文重新戴上。好像是黑色喜劇一樣，一桌子從蔣介石、宋美齡、蔣經國、蔣緯國，一衆女眷、孩童……，都看在眼裡，但是沒有人敢笑，所有人都呆若木雞，靜默等待乃錦溫柔的幫孝文重新戴上假牙。看在蔣介石、蔣經國、蔣方良眼裡，小時的心肝寶貝，長大後英姿勃發的少年，原本是他們寄望的嫡長子，這下摔落雲端粉碎了，想必是椎心之痛！

多年過去，時間讓蔣經國默認這個現實，一九七五年三月二十五日記寫下：「看見文兒似瘋非瘋之病態，至感厭煩，不過我一點也不可憐他，因爲這是他自作孽也。現在要以很多錢去養一個廢人，消耗公費公物，自感慚愧，對老百姓無法交代。」7

在《蔣經國情愛檔案》一書中，貼身副官翁元回憶道，民國七十七年元月十三日，蔣經國大去之日，當天中午蔣經國問他：「孝武呢？」他答以：「報告教育長，孝武先生現在在新加坡」，教育長又滿臉疑惑地問：「孝章呢？孝章呢？」翁元馬上回：「孝章小姐人在美國」，蔣經國又問「孝勇呢？」翁元回說「報告教育長，孝勇先生今天中午交代過，他要去士林官邸陪老夫人吃飯」。然後他突然問：「孝文呢？」當天是禮拜三，依慣例是輪到孝文夫婦到七海寓所午餐，他趕緊跟孝文報告教育長要見他，孝文馬上起身走向蔣經國臥房，徐乃錦擔心孝文一個人見蔣經國，又有言行上的

7　同註6。

閃失，趕忙跟隨孝文走進蔣經國房間。

孝文到他床邊，凝望著他的父親，表情木然，不知道他的父親即將離開人世。蔣經國看見孝文，只淡淡地說了一句：「哦，你們來了，沒事，你們回去吃飯！」說完示意孝文夫婦離開。

也許臨終前，蔣經國想要交代重要的事，想和親人告別，但是大家都不在身邊，只剩下一個痴兒孝文來見他。也許經國看著自己這一生第一眼見到的兒子，聰明可愛的文兒，看到爸爸就迎上來擁抱的文兒，現在年過半百，卻變成一個不懂事的人，自己最後時刻又見長子孝文，想必內心難過已極。造化弄人如此！半小時之後，蔣經國痛苦的呻吟，吐血而亡。

父親走後，隔年一九八九年四月十四日，長期臥病的蔣孝文，因爲鼻咽癌過世榮民總醫院走完他荒謬的一生，獨留母親蔣方良承受白髮人送黑髮人的哀傷。

第二十七幕

是誰不願意驗ＤＮＡ？

二〇二三年春寒料峭的農曆新年期間，筆者再度到美國史丹佛大學胡佛檔案館閱讀蔣經國日記，在日記裡有新的發現；同時與相關人士的聚會中，聽他們轉述曾參與日記編整的蔣家親戚，針對「到底誰不願意驗ＤＮＡ？」提出新的說法和線索。這個關鍵問題牽涉到孝嚴究竟姓蔣還是姓章，或是有其他可能？當然也關係到現任台北市長蔣萬安的出生背景，值得進一步探究。畢竟是與非流言紛擾，事實如何應該釐清，而不是留下謎團，讓眞相淹沒在歷史的長河裡。

一九八八年蔣經國過世之後，國內外媒體，包括當年的黨外雜誌，紛紛熱炒「蔣經國與章亞若的愛情故事」、「蔣經國的雙胞胎私生子章孝嚴、章孝慈」等勁爆話題，有些還引述來路不明的錯誤資訊，說蔣經國來台後曾私下見過雙胞胎等等。這些渲染式的報導，使社會大衆留下了章孝嚴、章孝慈是蔣經國親生子的印象。那時蔣孝武、蔣孝勇兄弟也開始跟章孝嚴有較多的往來接觸，在友人作東的宴席上，杯觥交錯中就有人起鬨，要他們正式以「兄弟相稱」。

由於蔣經國在家裡從來沒提過章孝嚴、章孝慈孿生子之事，蔣家兄弟認爲父親有可能是怕母親蔣方良傷心難過，而不見得沒有這件事。所以他們就放開心胸，跟章孝嚴兄弟表示過「如果是的話，那就驗一驗（DNA）回來吧！」令人意外的是，這時反倒是章孝嚴態度退縮了，他的說詞是「驗DNA恐對先人不敬！」相關人士不以爲然地表示，驗DNA又不是要「開棺驗屍」，爲何會對先人不敬？現在DNA技術發達，當時只要蔣孝勇、章孝嚴各一根毛髮去化驗，幾天就知道結果了！而即使到了今天，第三代蔣萬安一根毛髮、蔣友柏一根毛髮，也是可以從男性的Y染色體，輕易去判讀蔣萬安到底是不是蔣經國的孫子。

「莫非孝嚴沒有把握？」圈內人猜測，章孝嚴可能擔心萬一自己通不過DNA檢驗，怎麼辦？針對海外有著諸多傳聞臆測，孝嚴難道就不予理會，任其持續蔓延嗎？

二〇二〇年黃清龍赴美閱讀蔣經國日記後首度揭密，蔣經國在日記中否認章姓女子所生孿生子是他的孩子，這驚人一爆，再度掀起孝嚴身世的熱議。蔣經國一九五四年的日記記述如下：「夢見亡友繼春，與其並坐於河邊之大樹下，雖未講話，而夢中之所見，有如在生之時一樣，醒後追念往事甚久。後安、繼春、季虞皆為余最知己之友，而今已先後死亡。繼春為人忠厚，生性樸素，為一最難得之幹部。他在生時曾與章姓女相識，未婚而生孿子，當在桂林生產時，余曾代為在醫院作保人，後來竟有人誤傳此孿子為余所出。後來章姓女病故，現此二孩已十有餘歲，為念亡友之情，余仍維持他們之生活，並望他們有如其父一樣的忠心，為人群服務。」[1]

蔣經國的意思很清楚：「這兩個孩子不是我的！我照顧他們只是因為是好友的孩子。」但根據黃清龍的考證，雙胞胎也不可能是王繼春的，王繼春如果地下有知，也要說「專員，別甩鍋給我啊！」王繼春顯然是蔣經國編來當幌子的，因為他要後人認知他跟章亞若所生的孿生子沒有關係。王繼春為何不是雙生子的生父，黃清龍在《蔣經國日記揭密》一書有非常充分的剖析，而筆者在閱讀蔣經國日記時，

1 見黃清龍著《蔣經國日記揭密——全球獨家透視強人內心世界與台灣關鍵命運》。

發現有一段日記可以補充說明。

一九四二年七月三十蔣經國在日記裡提到：「王繼春縣長病在醫院已將一個月，今已稍癒，特去問候，繼春縣長做人忠誠、做事負責，乃一忠實幹部。」然而同年三月章亞若在桂林產子，蔣經國欣喜至極，多次去探望她。到了七月章亞若還在桂林養育雙胞胎，並且積極爭取雙胞胎認祖歸宗姓「蔣」。王當時肝病纏身，在幾百公里外的贛南上猶縣臥病一個月了，足證他和章姓女眞的是沒交集。蔣經國和王繼春雖然是情同手足的革命夥伴，但也不能硬要已經亡故的繼春當「接盤俠」啊！

黃清龍在《蔣經國日記揭密》一書出版前，曾經專程造訪已經改姓成功的蔣孝嚴。問他改姓蔣後，外界仍無法釋疑，依舊認爲他的身世是一個謎團，因此有人建議孝嚴透過ＤＮＡ科學檢驗，以求一勞永逸。但當時蔣孝嚴說沒有必要，這樣做是對經國先生的不敬。實際上也不容易做到，他說，因爲驗ＤＮＡ需要蔣家後代同意才行，他們未必願意配合。再問到當年改姓前，爲何沒想到和蔣孝武、蔣孝勇驗ＤＮＡ？蔣孝嚴說當時和孝武、孝勇已經互動很多，私下就像兄弟一樣，因此覺得沒有必要。那如果現在有人質疑他不是蔣經國的後代，願意再和蔣友柏等人驗ＤＮＡ嗎？孝嚴苦笑著說沒有必要，他再三強調，這樣做是對先人不敬，侮辱先人。[2]在黃清龍多次探詢檢驗DNA的意願時，孝嚴都沒有改變他的說法。

二〇二〇年日記揭密之後，發現原來蔣經國早在一九五四年就說「孩子不是我的！」多年後卻又有另一個男人郭禮伯，於一九七七年離世前夕口述自傳說：「孩子可能是我的！」他說出來是爲了向歷史負責，也才對得起蔣經國和章亞若兩位摯友。這下子這個世紀謎團更爆開了，甚至可能影響當年內政部專案會議的公信力，質疑當年專案小組召集人簡太郎怠忽職守，在沒有DNA證據之下，就冒然認定章孝嚴是蔣經國的兒子，同意讓他從姓章改爲姓蔣。

孝嚴到底是「蔣家門外的孩子」，還是郭禮伯所稱「可能是郭家門外的孩子」？外界之所以至今議論紛紛，是因爲有許多可質疑的關鍵因素，包括：

一、從蔣經國日記的爬梳，和郭禮伯口述自傳對照起來，章亞若其實是郭的「如夫人」，幾年後才成爲蔣的地下情人。而且從蔣日記有一個新發現，即章亞若確曾找理由，離開蔣經國一段時間，而和郭禮伯久別重逢。

2　同註1。

一九四一年六月十六日蔣經國在日記裡寫下：「雲弟下鄉與慈母同居」。到了七月還沒回來。七月六日經國實在想念她，寫下：「天氣甚熱甚悶，心中亦煩悶非常，在公在私皆有說不盡之苦，如慧弟（亞若暱稱）能常時見面則定能解悶。我不想名利，祗想有自由呼吸，自由做人之可能！」七月十二日又說，「近來無時不在想念雲弟，天下之事實在太不公道，爲何不能使我滿足此小要求，雲弟如能同我在一起，則工作效力定可增加數倍。」蔣經國正飽嚐相思之苦，以爲雲弟回鄉陪慈母，抱怨老天不公平，不能滿足他與雲弟相處的「小小要求」時。同時間郭禮伯回憶錄卻說，一九四一年五月初他從重慶回來，章亞若即來和他相聚。到了七月，章亞若竟告訴郭禮伯她懷孕了，而且她說懷的是郭的孩子！

郭算算時間，應該是五月就懷上的！這時，郭給章亞若建議，要她回去贛南和蔣經國相聚，慢點八、九月再說有身孕，要讓蔣經國認爲孩子是他的。計畫順利進行，一九四一年九月下旬章亞若在蔣經國安排下赴桂林待產。隔年三月足月生下了孿生子，章對外和對他口中的阿哥蔣經國，都說是懷孕「七個月早產」，蔣經國當時欣喜若狂。這個如小說般的「置換」情節，對照起蔣經國日記和郭禮伯多年後的口述傳記，時間、情節是剛好吻合的！

二、一九五四年，蔣經國為何撕了日記，斷了接濟？一九五四年蔣經國在日記裡給雙胞胎按了一個父親王繼春，又在一九五四這年註記他一九四一、一九四二年日記被偷撕甚多，胡佛檔案館也備註這兩年日記有大量缺頁（Pages Missing），筆者在閱讀日記時，發現有撕不乾淨的痕跡，表示這些天原來是有寫日記的。經過比對，失蹤的頁面多數是章亞若生下雙生子，他多次去桂林看他們的時日，還有章亞若猝死前後一段時間的日記。蔣經國說，他已經忘了寫什麼，不過應該沒有什麼「特別的事」，所以他於心甚安也。（參見黃清龍著《蔣經國日記揭密》）。看起來蔣經國是想將章亞若和雙生子這段過去翻頁了，但這是為什麼呢？

三、蔣孝嚴在他自己寫的《蔣家門外的孩子》書裡說，一九五〇年代中期被蔣交代要照顧他們章家的王昇就沒有繼續接濟了。他說原因是他二舅章澣若和王昇之間，在五〇年代中期就無法相處，後來幾乎沒有交往。孝嚴認為，經國先生一定交代過王昇要妥善照顧遠在新竹的章家，最初幾年，王昇確實盡了力，也辦到了，但後來由於王昇和二舅舅沒相處好，原先一年三節送的生活費用，也因此中斷了，全家隨後陷人難以置信的窘迫。

黃淸龍在《蔣經國日記揭密》書上質疑，既然蔣經國有交代王要照顧雙胞胎，王昇再怎麼和章澣若不和，也不敢自作主張停止接濟才對，怎麼會連一年三節的生活費也沒了？一九五〇年代中期到底發生什麼事？讓蔣經國撕了日記，也斷了對雙胞胎的接濟？

筆者曾經和王昇的一位子女問起雙胞胎的事，他記憶中雙胞胎十幾歲時，他們全家曾經帶雙胞胎去游泳聚餐，因爲當時很少見到雙胞胎，所以他印象深刻。記憶中母親細心的燉雞湯，再保溫好提過去和雙胞胎一起享用。所以無論如何，他父親還是很關心雙胞胎的。王昇給家人的印象是，雙胞胎的父母已經不在了，所以要關照他們。

筆者認爲，章亞若是王昇在贛南靑幹班的同學，大陸時期關於雙胞胎的事，蔣經國也會交代王昇去幫忙處理，王昇是蔣經國信任的部屬，所以停止接濟雙胞胎，不可能是他意氣用事，自作主張，而是上面的意思比較合理。由此王昇可能理解到，蔣經國並沒有要認這對兄弟。所以王也要雙胞胎放寬心，包括不要再追究母親章亞若的死因。

四、爲何蔣經國來台後，終其一生不見雙胞胎？蔣孝勇生前接受資深媒體人王美玉（現爲監察委員）訪談時說，他父親在家裡從來沒提過章亞若和雙胞胎，據說宋美齡也曾問過他雙胞胎的事，蔣經國都是回說：「沒有這回事」！章孝嚴在書中說，即使到了他們成家立業，蔣經國也沒有要召見他們。他曾經透過王昇和宋時選表達希望和父親見面的請求，但王昇和宋時選都幫不上忙。

令人質疑的是，在大陸時期，蔣是視雙胞胎爲親生兒子，雙胞胎出生時蔣經國不只一次去看他們，還買了營養品，買了昂貴的美國克寧奶粉給雙胞胎食用，即使章亞若過世，還有父子的南京見面之行。根據雙胞胎的大舅媽紀琛轉述，一九四七年春，雙胞胎和外婆住在南昌，經國先生突然差人帶來口信，說很想念大毛、小毛（即孝嚴、孝慈）這兩個孩子，想看看他們最近的模樣。於是周錦華特地要章浩若帶著他們，搭乘火車到南京和蔣經國見面。當時雙胞胎才五歲。

後來在兵荒馬亂即將撤退來台之際，蔣經國不忘將兩個孩子帶出來，幾次派王昇勸說後，章亞若母親周錦華才勉強同意和家人再次分手，攜帶雙胞胎來台灣。一九四九年七月，王昇弄來兩部汽車，章、王兩家人便在酷暑大熱天，從南昌一路開到廈門。稍歇近月，搭上軍艦橫渡台灣海峽，在海上渡過了一整天後，抵達台灣基隆港。

當時他們搭乘的是忠字號一五登陸艦，這艘軍艦因爲裝有故宮文物和中央銀行的黃金，有特別的戒備。起錨前，蔣經國還趕到廈門上船，以巡視古物及黃金是否裝載妥當爲由，來和周錦華及雙胞胎道別。這也是蔣經國和雙胞胎最後一次見面，當時雙胞胎七歲大。

《蔣經國日記揭密》作者黃清龍，曾經採訪《我的父親郭禮伯》一書的作者郭貽熹，郭貽熹證實一九五〇年代小蔣和他父親仍有往來，不排除兩人黃湯下肚「無所不談」地談到章亞若時，郭曾向蔣透露，章亞若對自己說過「孩子是你的」。或是搞情報的蔣經國另有消息來源，對於雙胞胎是不是他的，有所懷疑。

儘管有人說蔣經國有多重性格，但其中有一面是他孝順父母，而且重視親情，他對子女的重視和寵愛，處處表現在日記裡，卽使強人也有柔軟的一面。外界不解的是，如果雙胞胎眞是他的，爲何讓他們過著像難民般的生活？尤其是他「門內」的三個兒子表現都不理想，爲了接班和傳承，難道他不會想到「門外」還有兩個純中國血統的兒子？

據說有中國人面孔的孩子，是他母親毛福梅的願望，那麼近在咫尺爲何不相見呢？即使蔣介石已經過世，小蔣已經大權在握時，也是連一次見面都不安排？難道，他懷疑孩子不是他的！

強人最在意的應該是有人欺騙他，有沒有可能蔣經國認爲是郭、章聯手欺騙了他，他吃了暗虧，付出感情，雖不能聲張，但是心裡的疙瘩總是有的吧。章家來台之後在新竹非常辛苦，可以說家徒四壁，一九五〇年代中期王昇沒有接濟之後，生活更是日益困難。孝嚴說到他念大學時，日子仍然過得很緊，每學期都無法在指定日期繳註冊費，連每天到自助餐店用餐的錢都經常付不出，而必須拖欠到有錢了，才把一兩個星期或一兩個月所欠的錢一次付清。章家在新竹這樣辛苦的日子，是王昇斷炊之後開始的，而這是不是蔣經國有意無意之間造成的？

章家不好過，郭家也不好過，郭貽熹說，初到台灣時，他們家住的是鐵皮屋，下雨天屋裡就漏水。江西省政府解散之後，當時有些人得到上峰的安排，郭禮伯卻一直沒有分派到職務，他的事業與生活，突然全無著落，度過了近五年的失業煎熬。堂堂黃埔一期，打過長沙戰役的郭禮伯將軍，爲了急需繳交兒子學校的伙食費，曾忍著難爲情，親自前往當鋪典當他戴了多年的歐米茄手錶。還有更尷尬的情況，不但多次斷炊，連他每天所需，最便宜三元一包的公賣局新樂園香煙，也接應不上。郭禮伯曾到台北長安東路拜訪蔣經國，蔣表示要爲他安置職位，但最後都沒有下聞。

同樣是黃埔一期的黃杰、陳大慶，都先後擔任過台灣省主席，郭禮伯卻是一個職位難求。一九六〇年底，郭禮伯在黃杰和陳大慶等黃埔同學的關照下，擔任桃園縣政府民政局長，而這個安排曾經跟蔣經國報告，徵得他的同意。問郭貽熹他父親郭禮伯到台灣發展很不順利，會不會跟他曾經是章亞若的男人，又把自己的小姨太推給蔣經國有關？郭貽熹想想說「不無可能有這個因素」。

蔣萬安參選台北市長之前，曾經有來自史丹佛的友人想勸蔣萬安不要以蔣家後代之姿參選。不過，蔣萬安還是扛著蔣家的旗幟參選，聲稱蔣經國是他的祖父，並且順利選上了。有些過去對孝嚴「操作」認祖歸宗不以爲然的藍營朋友，現在的想法是，既然選上了，那就暫且不表，看他往後的表現。但是他們也說，如果蔣萬安也像其父一樣迴避客觀的DNA驗證，未來從政的路上，恐怕還是會不斷遭遇欺世盜名的挑戰！

歷史與現場 354

在蔣經國日記找到真愛軌跡

作　者—黃秀錦
照片提供—黃秀錦
主　編—謝翠鈺
企　劃—陳玟利
封面設計—林采薇、楊珮琪
美術編輯—李宜芝

董事長—趙政岷
出版者—時報文化出版企業股份有限公司
108019台北市和平西路三段二四〇號七樓
發行專線—（〇二）二三〇六六八四二
讀者服務專線—〇八〇〇二三一七〇五
（〇二）二三〇四七一〇三
讀者服務傳真—（〇二）二三〇四六八五八
郵撥—一九三四四七二四時報文化出版公司
信箱—一〇八九九　台北華江橋郵局第九九信箱
時報悅讀網—http://www.readingtimes.com.tw
法律顧問—理律法律事務所　陳長文律師、李念祖律師
印　刷—勁達印刷有限公司
一版一刷—二〇二四年三月十五日
一版二刷—二〇二四年四月八日
定　價—新台幣四二〇元
（缺頁或破損的書，請寄回更換）

時報文化出版公司成立於一九七五年，
並於一九九九年股票上櫃公開發行，於二〇〇八年脫離中時集團非屬旺中，
以「尊重智慧與創意的文化事業」爲信念。

在蔣經國日記找到真愛軌跡 / 黃秀錦作 . -- 一版 . -- 臺北市 : 時報文化出版企業股份有限公司 , 2024.03
面 ;　公分 . -- (歷史與現場 ; 354)
ISBN 978-626-374-980-1(平裝)

1.CST: 蔣經國 2.CST: 傳記

005.33　　113002035

ISBN 978-626-374-980-1
Printed in Taiwan